記憶のエチカ

記憶のエチカ

戦争・哲学・アウシュヴィッツ

高橋哲哉

岩波書店

本書は一九九五年八月、岩波書店より刊行された。

まえがき

本書のもとになった諸論文は、一九九三年から一九九五年にかけて書かれた。あらかじめ明確なプログラムがあって書かれたものではないが、どれもが「記憶」をめぐって、もっと明確にいえば、戦争やホロコーストに代表される現代の歴史的暴力の「記憶」をめぐって書かれている。

この数年間は、世界的にも「記憶」の問題があらためて浮上してきた時期である。冷戦終結とともに各地で解き放たれた民族紛争は、民族のアイデンティティーの根源がその歴史的記憶に求められることから、旧ユーゴスラヴィアに見られるように「記憶の戦争」の様相を濃くしている。ヨーロッパでは早くから前景に出ていた「戦争の記憶」の問題が、いわゆる「従軍慰安婦」問題の顕在化、スミソニアン博物館原爆展論争などをきっかけとして、アジア・太平洋地域でもようやく本格的な形で問われるようになった。

本書は、アーレント、レヴィナス、ヘーゲル、京都学派の「世界史の哲学」などを論じているけれども、暴力の「記憶」をめぐってこれらの哲学者たちに問いを向けながら、わたしはむしろ、自分の思考の方こそ、現代世界の現実の諸問題によって問われているのだと感じていた。また、もしもわたしが一九九三年に映画『ショアー』に出会っていなかったら、本書はまだ形をとってはいなかっただろう。アーレントのいう「忘却の穴」の問題を考えていたわたしが、まるでこの問題そのものを映画化したかのような『ショアー』を観たときの衝撃は大きかった。本書の大半は、その衝撃に背後から突き動かされるようにして書かれている。

　奇しくも第二次世界大戦終結五〇周年の八月に、本書を上梓する運びとなった。いうまでもなく、「記憶」はいささかも過去の問題ではなく、つねに現在の問題である。過去の暴力の記憶がいま問われているだけでなく、新たな暴力の記憶がいまたえず作られつつある。本書を『記憶のエチカ』と題するのは、「記憶」の哲学的批判が同時に、「記憶」の現在の倫理的、政治的、歴史的批判につながるような地点を本書が索めているからにほかならない。

記憶のエチカ　目次

目次

第一章

記憶されえぬもの
語りえぬもの

アーレントから『ショアー』へ

恐ろしいことを考えつづけることが必要なのだ。(1)

——ハンナ・アーレント『全体主義の起原』

第1章　記憶されえぬもの 語りえぬもの

一つの世紀が終わる。「考えつづける」べき「恐ろしいこと」にはまったくこと欠かなかったこの世紀の歴史は、いまいたるところに回帰の予兆を秘めながら、われわれを記憶の試練にかけるかのようだ。たしかに、一方には、〈記憶しなければならない〉という切迫した要請がある。忘却することは許されない。仮借ない時の流れ、〈証人〉の不可避の死、日常性の支配、とりわけ生き残りによるあらゆる瞞着——「忘却の政治」(2)——に抗してまず第一に記憶するのでなければ、「考えつづける」こともできないだろう。記憶の要請があるのは、何よりもまず死者たちがいるからである。そして、死者たちの意志を簒奪してやまない別の記憶、別の解釈、別の物語があるからである。たとえば、レヴィナスもこう言っているように。

運命が歴史に先だつのではなく歴史が運命に先だつ。運命とは修史家の歴史、生き残りの歴史であって、彼らは死者たちの作品を解釈する。つまり、彼らは死者たちの作品を利用するのだ。……修史〔historiographie〔歴史叙述〕〕は、生き残りが死せる意志の作品をわが物にする仕方を物語っている。修史は征服者、つまり生き残りによって成就される簒奪に立脚し

ている。奴隷化に抗して闘う生を忘却しつつ、修史は奴隷化を物語るのだ。(3)

だから〈記憶しなければならない〉。死者たちの意志、彼らの「作品」を簒奪する別の記憶、別の解釈、別の物語の暴力に抗して、死者たちのための記憶、死者たちのための解釈、死者たちのための物語が「弁明」(4)として生起しなければならないのだ。

ところが、記憶の試練はまさに次の点にある。すなわち、この世紀の歴史がわれわれに垣間見せたのは、出来事そのものがこの〈記憶しなければならない〉という要請に真っ向から対立するような可能性ではなかったか、という点である。記憶することの困難は、もはや単に時の流れや証人の死、日常性の支配といった〈自然な〉忘却への要因に由来するのではない。それはまた、死者たちの意志とその「作品」を横領しようとする修史＝歴史叙述の暴力、別の記憶、別の解釈、別の物語による事後的な暴力にさえ由来するのではない。そうではなく、いまや記憶されるべき出来事そのものが初めから記憶への挑戦として、忘却への罠として生起するのだ。すなわち、記憶に対立する別の記憶、解釈に対立する別の解釈、物語に対立する別の物語としてではなく、記憶そのものの否定、解釈そのものの否定、物語そのものの否定として生起するのであって、そこではあらゆる「弁明」の不可能性が出来事の核心をかたちづくるのである。

「征服者」の歴史には被征服者の歴史を、生き残りの解釈、生き残りの物語には死者たちのための解釈を、死者たちのための物語を突きつければよい。それがいかに困難であろうともそうしなければならないし、そうすることしかできないだろう。けれども、もしも記憶されるべき出来事、物語られるべき出来事が、そもそもの初めから出来事の消失の出来事だったとしたら、どうなるのか。生き残りが死者たちの「作品」を横領することによってではなく、死者たちのいかなる「作品」をもわれわれの手に残さず、彼らの最期の意志のいかなる痕跡をもあらかじめ抹消しておくことによってわれわれの記憶に挑戦したのだったら、どうなるのか。記憶されるべき出来事の核心に〈記憶されえぬもの〉や〈語りえぬもの〉があったとしたら、そしてそれが、われわれの歴史の肉体のそこかしこに知られざる〈忘却の穴〉を穿っているのだとしたら、どうなるのか。

もちろん、わたしはここで事態をいたずらに神秘化しようとしているのではない。〈記憶されえぬもの〉や〈語りえぬもの〉が神秘的に見えるのは、ロゴスおよびミュトスとしての歴史、物語としての歴史の明証性がそれだけ強固であり、われわれにとって歴史の歴史性そのものであるように見えているからにすぎない。この明証性に依拠して、〈語りえぬものについては沈黙しなければならない〉とアプリオリに言えるとしたら、たしかに記憶の試練の大半は姿を消すことになるだろう。記憶しなければならないものは原理的に記憶可能であり、解釈可能であり、物語ることが可能であるという〈可能なもの〉の圏域のなかで、すべてが進行することになるだろう。しかし、そのときひとはもしかして、結果的に「征服者」による「歴史の治世」(5)に奉仕し、記憶の抹消という〈完全犯罪〉にわれしらず加担することになってはいないだろうか。

1　忘却の穴

アーレントは『全体主義の起原』第三巻第三章で「忘却の穴」について語っている。周知のように彼女は、ヒトラー治下のドイツとスターリン治下のソ連における強制収容所および絶滅収容所の現実のなかに、「考えつづける」べき最も「恐ろしいこと」を認めた。全体主義体制の出現は今世紀の歴史を特徴づける最も深刻な出来事であり、その本質は「全体的支配が最も論理必然的に生み出した制度」[6]であるこれらの収容所においてこそ明らかになる。こう考えたアーレントは、同書同巻同章の最後の部分を、収容所現象についてのかつてなく本格的な省察に充てたのだった。

では、これらの収容所の何が真に「恐ろしいこと」だったのか。数百万規模という想像を絶する数の大量殺人が、一方は人種闘争、他方は階級闘争というイデオロギー的前提から、鉄のごとき厳格さをもって「計画的ないし大量生産的に」執行されたという事実が、この恐ろしさの中心にあることはあらためて言うまでもない。犯罪者でもなければ政治的反対者でもなく、〈生きる資格のない人種〉あるいは〈死滅する階級〉に属すると一方的に規定された人々を、「機械的」に、また「人間の顔をした動物の一種に変える」ような仕方で〈絶滅〉に追い込むという行為は、従来の罪悪や犯罪の観念がすべて無効であるような「〈可能なもの〉の深淵」[7](Abgrund des《Möglichen》)を暴き出した、とアーレントは言う。だが、ここで問題にすべきは実はそのこと自体ではなく、彼女がこの点を議論しながら同時にまた、「犠牲者の跡形もない消滅(spurloses Verschwinden)ということが全体主義の体制にとってどれほど重要だったか[8]」をくりかえし強調していることである。「強制収容所と絶滅収容所の本当の恐ろしさ」は、「テロルによって忘却が強いられる」がゆえに、すべての被収容者が完全に「生者の世界から切り離される」ことにある、と彼女は言うのだ[9]。

> 〔秘密〕警察の管轄下の牢獄や収容所は単に不法と犯罪の行なわれるところではなかった。それらは、だれもがいつなんどき落ちこむかもしれず、落ちこんだらかつてこの世に存在したことがなかったかのように消滅してしまう忘却の穴(Höhlen des Vergessens)に仕立てられていたのである。殺害が行なわれた、もしくはだれかが死んだことを教える屍体も墓もなかった。この最新の〈粛清〉方法にくらべれば、ほかの国々の、またほかの時代の政治的殺人や犯罪的殺人などは、愚にもつかぬ手段で行なわれたまことに原始的な試みとしか見えない。屍体を後に残し、ただ自分がだれかを知らせる手がかりを消すことだけに気を配っている殺人者などは、犯行の痕を残さず、犠牲者を生きている人間たちの記憶のなかから抹消するに足る大きな政治的に組織された権力をもっている現代の大量虐殺者の足もとにも寄れない。

一人の人間がかつてこの世に生きていたことがなかったかのように生者の世界から抹殺されたとき、初めて彼は本当に殺されたのである。(10)

ナチス・ドイツにおいては、いわゆる「夜と霧」(Nacht und Nebel)作戦や強制移送によって連れ去られたが最後、その人間が以後どうなったかについてのいかなる情報も「生者の世界」にもたらされてはならないとされた。あるSS(ナチス親衛隊)の収容所長がフランスの一女性に夫の死を知らせた直後、「ありとあらゆる収容所長に命令や訓令がまさに雨霰とふりそそがれることになった」という例をアーレントは挙げている。この収容所長は「過ちを犯した」のであり、「収容所内で消滅した人間がその収容所にいたことをどんなことがあっても外部に洩らしてはならず、遺族がその肉親の生死についての確報を得るようなことがけっしてあってはならぬ」という原則に背いたのである。(11) 収容所的世界の重要な特徴は、この世界が他のすべての人間社会から、「生者の世界一般」から「遮断」されていることにある。「この完全な隔離(komplette Isolierung)を実現する——それも何らかの軍事的な、もしくはその他の秘密を守るためではない——ために鉄のカーテンがおろされた。なぜなら全体的支配の真の秘密、すなわち全体主義の実験が行なわれる実験室である強制収容所の秘密は、外国に対すると同じく、いや往々にして外国に対するよりも厳重に、自国民に対して守られたからである(12)」。

だが、犠牲者たちが「かつてこの世に存在したことがなかったかのように」消滅してしまうためには、このような遮断や隔離ですら十分でない。なぜなら、どんなに完全な隔離のなかで、犠牲者たちの屍体を一握の灰すら残さず焼却抹消してしまったとしても、彼らが後に残す「唯一の形見」として、「彼らを知り、彼らを愛し、彼らと同じ世界に生きていた人々の記憶だけ」は依然として残っているからである。[13] この記憶があるかぎり、収容所的世界における「人間の無用化の実験」[14]は完成しない。消滅した人々が本来「無用」であったと言えるためには、すなわち〈望ましからぬ者〉(der Unerwünschte)あるいは〈生きる資格のない者〉(der Lebensuntaugliche)として、本来存在すべきでなかった存在なのだと言えるためには、彼らを追憶する人々の記憶をも完全に消し去り、まさに彼らが「かつてこの世に存在したことがなかったかのよう」な事態を実現しなければならないのだ。

「全体的支配にとって記憶の能力というものは非常に危険なもの」であるから、死者たちとともに彼らについての記憶をも消し去ることが「全体主義の警察の最も重要な、最も困難な任務の一つ」となる。[15] アーレントによると、帝政ロシアの秘密警察オフラナが案出した特殊な「掛図」はこの「全体的支配の理想」を先取りしていた。それは中心に大きな赤い円があり、周囲にはそれと結ばれた小さな赤い円、緑の円、褐色の円がある巨大な掛図で、これらの円はそれぞれ最も疑わしい人物、その人物と政治的交渉のある者、政治とは無関係の知人、直接の知合いではないがその人物の友人と何らかの交渉のある者を表わすという。もしも警察がこのような仕方で、標的とする人物のみならず、その人物について直接間接に記憶をもつすべての人々を捕捉し、彼らのすべてを同時に抹殺してしまったらどうなるか。その場合には明らかに、いったいだれが生きていたのか、かつてそこにどのような生があり、どのような死があったのか、つまり標的となった人物についてのあらゆる具体的記憶が、したがって、彼または彼女を追憶するあらゆる具体的可能性が失われてしまうだろう。

当人だけではなくその人間についての記憶をも完全に統制できるようなやりかたで住民全体を登録するこの方式には、その掛図の大きさによる制限のほかいかなる制限もない。途方もない大きさのこのような掛図一枚で、一地方全体の住民のあらゆる交友縁故関係を図示することも理論的には充分考えられる。そしてまさにこれが全体主義の警察が理想とするところなのだ。……事務室の壁にかかった大きな掛図を一瞥しただけで、だれがだれと関係をもっているかを明らかにしうることをこの警察は夢みている。そしてこの夢は、原理的に実現不可能なことではない。技術的な実現性の点で少々困難であるにすぎない。この掛図が実際にあったとすれば、人間の記憶はもはやけっして全体主義の支配の野望をさまたげはしないだろう。人間を本当に跡形なく消滅させる――あたかもそんな人間などかつて存在したことがなかったかのように――ことをこの掛図は可能にするだろう。(16)

かくして、人間を「かつてこの世に存在したことがなかったかのように」「忘却の穴」深く消し去ることは、「原理的に実現不可能なことではない」。それどころかアーレントによれば、「逮捕されたNKWD〔内務人民委員会〕官吏たちの述べるところ」を信じるかぎり、ソヴィエト・ロシアの秘密警察はこの「全体的支配の理想」を事実上達成しかけていた。この秘密警察は「巨大な国家の一人一人の住民についての秘密調査書類」をもっており、この書類には「たまたま知り合ったという間柄から真の友人関係をへて家族関係にいたるまで、人間と人間のあいだに存在するありとあらゆる関係」が「綿密に」記載されていて、任意の人物を当人についての記憶もろとも消し去ることにもはやいかなる原理的困難もなかったのだ。アーレントは、「第三帝国のガス室とソ連の強制収容所は西洋の歴史の連続性を断ち切った」(17)と断言するが、このことは〈記憶の伝統〉についても妥当する。「西欧世界はこれまで、その最も暗黒の時代においてすらも、われわれはすべて人間である（そして人間以外の何ものでもない）ということの当然の認知として、追憶されることへの権利を殺された敵にも認めてきた。アキレウスはみずからヘクトールの埋葬におもむいたし、専制政府も死んだ敵を敬ったし、ローマ人はキリスト教徒が殉教者伝を書くことを許したし、教会は異端者を人間の記憶のなかにとどめた。だからこそ、すべてが失われ跡形なく消え去るということはなかったし、またありえなかったのだ」(18)。ところがいまや、現実にはだれの敵でもなかった数十万数百万の人間が、純粋に理論上の敵――〈生きる資格のない人種〉あるいは〈死滅する階級〉――に属するとされたがゆえに、「追憶されることへの権利」を剝奪されて、「忘却の穴」の底深く没してしまう。彼または彼女はもはやせいぜい数としてしか記憶されず、あるいは数としてさえ記憶されない。論者によりデータによって百万単位で増減する〈犠牲者数〉が、彼または彼女についてのどんな記憶の名に価するというのか。「忘却の穴」に呑み込まれた人々の生死については、どんな思弁的歴史哲学もこれを想起＝内化（Erinnerung）によって全体化しえないばかりではない。どんな〈歴史性の存在論〉も、これを〈かつて現存した実存の可能性〉として反復（wiederholen）しえないばかりではない。そうした人々の生死については、家族、友人、知人によるどんなささやかな追憶も、どんな〈小さな物語〉を物語ることももはや不可能であり、どんな歴史＝物語（histoire）もこの「忘却の穴」の奥底を叙述することはできないのだ。

さて、しかし問題は、このような事態に直面しつつアーレントの思考がどこへ向かったかということである。ただちに指摘できるのは、『全体主義の起原』以後、とりわけ『人間の条件』を頂点に展開した〈政治的なもの〉をめぐる思考のなかで、彼女がまるで「忘却の穴」への人間の消失に対抗するかのように、公的空間の本質を〈人間の人間に対する現われ（appearance）の空間〉と定義し、この〈現われ〉を記憶にとどめるべき「物語」（story）の重要性と、「一種の組織された記憶」としてのギリシャ・ポリスの範例性を強調したことだろう。人間の本質とはその人が「だれ」（who）であるかということであり、この「だれ」が現われるのは人間が「ただ物語を残して去るときだけ」であるから、ギリシャ人たちの政治的卓越性とは、死すべき者が行為とそれを証する物語を「不滅」のものたらしめる空間としてポリスを創設したことにある、というような思考が、全体主義による〈記憶の抹殺〉を意識したものであることは容易に想像できる。[19] けれども、西洋の歴史の連続性を断ち切るような徹底した忘却の可能性を知った後で、なおこのように古典的な記憶と「だれ」の物語を――「現在と将来にわたって称賛を呼びさます」ような「偉大さ」の物語を[20]――モデルとして掲げることは、結局一種のノスタルジックな防衛反応にすぎない、と言ったら言い過ぎだろうか。ほかならぬ記憶の限界、物語の限界が暴露されてしまったときに、すべてが失われることは「なかったし、またありえなかった」と思えるような〈幸運な〉記憶と物語を再び歴史の基礎に据えることは、「忘却の穴」の脅威（原理的可能性）をあまりに過小評価することではないか。事実アーレントは、のちに『イェルサレムのアイヒマン』で再びこの「穴」に言及したさい、驚くなかれ次のように述べているのである。

> 全体主義的支配が、善悪を問わず人間のいっさいの行為がそのなかに消滅してしまうような忘却の穴（holes of oblivion）を設けようとしたことは事実である。しかし、殺戮のすべての痕跡を除去しようとする――焼却炉で、また露天掘りの溝で屍体を燃やすことで、あるいはまた爆薬や火焔放射機や骨を粉砕する機械の使用などによって――ナチの一九四二年六月以後の熱に浮かされたような試みが失敗を運命づけられていたのと同じく、反対者たちを〈言葉もなく人に知られぬままに消滅させ〉ようとするすべての努力も空しかったのである。忘却の穴などというものは存在しない。人間のすることはすべてそれほど完璧ではないのだ。何のことはない、世界には人間が多すぎるから、完全な忘却などというものはありえないの

である。かならずだれか一人が生き残って見て来たことを語るだろう。[21]

これは、どういうことなのか。『全体主義の起原』ではあれほど強く「忘却の穴」の「恐ろしさ」を強調し、全体主義の警察の理想は「原理的に実現不可能なことではない」し、「技術的な」多少の困難さえ克服されれば「本当に」人間を跡形なく消滅させることが「可能」になるだろうと主張していたアーレントが、どうして「忘却の穴」の存在と「完全な忘却」の可能性をこうも易々と否定することができるのか。たしかに「人間のすること」は「それほど完璧ではない」だろうし、「世界には人間が多すぎる」と感じる者もいるだろう。けれども重要なことは、彼女自身も言っていたように、「現代の大量虐殺者」は「犠牲者を生きている人間たちの記憶のなかから抹消するに足る大きな政治的に組織された権力をもっている」ということであり、「鉄のカーテン」をおろした全体主義国家のうちで彼らがことに及んだときには、「かならずだれか一人が生き残って見て来たことを語るだろう」とはけっしてアプリオリに言えないということである。事実問題として言えば、たしかに第三帝国の絶滅収容所からもソ連〈収容所群島〉の極北からも生還者はあったし、全体としては「一人」どころか「非常に多くの」[22]生還者たちが「見て来たことを語」っている。だが、たとえば九ヵ月間で少なくとも七〇万人の犠牲者を出したとされるベウジェツの絶滅収容所では、戦後の生還者はわずか一人にすぎなかったのであり、この数字がゼロになることは十分ありうることだったのだ。[23]事実としても、いまなお相当数の犠牲者たちが単なる数としてしか確認されず、あるいは数としてさえ確認されていないことからして、個々のケースについては現実に多くの〈記憶の抹殺〉が起こってしまったことは明らかである。幸運にして名前が知られている犠牲者については、その人の生の記憶を手にすることがある程度可能だとしても、彼または彼女がどのような死を死んだのかについて証言が得られることはめったにない。まして単なる数となり、また数にさえならなかった無名の人々については、いまだにどんな具体的記憶もわれわれのもとには届いておらず、したがってどんな具体的物語も、つまりそれらの人々が「だれ」であったかを証するどんな物語も語り継ぐすべはないのである。それらの記憶がこのまま永遠に「忘却の穴」深く沈んでしまうのか、それともいつか穴底深くから掘り起こされて日の目を見ることができるのか、それについてあらかじめ言うことはまったくできない。それは、現在たまたま日の目を見ている記憶が、出来事のさなかには、はたして生き延びられるのか抹殺されてしまうのか、あらかじめ言うことがまったくできなかったのと同様である。そして、だからこそ記憶の可能性はどこまでも追求しなければならないのだ。実際、もしアーレントの言うように、「人間のすることはすべてそれほど完璧ではない」とか「世界には人間が多すぎる」とかいう「何のことはない」理由で、「完全な忘却」の可能性をあらかじめ否定し去ることができるとしたら、どうして〈記憶しなければならない〉という要請の切迫があるのか。もちろん「完全な忘却」には抵抗しなければならない。しかし抵抗しなければならないのは、まさに「完全な忘却」の可能性があるからであり、それが不断の原理的可能性として記憶と物語を脅かしているため、われわれの歴史への関係を〈幸運な〉記憶や物語をモデルとして考えるのではけっして十分ではないからなのだ。

さらに別の、ある意味ではより厄介な問題がある。アーレントが『全体主義の起原』で、強制および絶滅収容所の犯罪の「自動安全装置」と呼んでいたものがそれである[24]。彼女によれば、全体主義的権力者たちは、一方では収容所的世界の「完全な隔離」を徹底して追求しながら、奇妙なことに、他方では「全体主義の大量犯罪が暴露されること」を「それほど気にしなかった」。なぜか。それは「犯した罪の途方もなさそのもののために、犠牲者――彼らの申立の真実性は人間の常識を侮辱する――よりも、むしろ殺人者――彼らは偽りの言葉で自分の無罪を誓う――の言葉のほうが信じられてしまう、という結果になることが目に見えているから」である。「正常な人間はあらゆることが可能だということを知らない」(ダヴィッド・ルッセ)――つまり「〈可能なもの〉の深淵」を知らない。「生者の世界」の常識、規範、日常性などから成る「正常な世界の正常性(Normalität)」は、「全体主義の支配領域で行なわれているさまざまな事柄を、それについての記録やフィルムやその他の証拠を否定しようもなく眼前に突きつけられているときにさえまったくありえぬこととみなす」ほどだから、「生き残って見て来たことを語る」のが一人であれ多数であれ、彼や彼女の証言はこの壁にぶち当たって「忘却の穴」に突き返される。この「自動安全装置」は、その原理からして、これらの証言が「真実であればあるほどますます伝達力を失う」ようなものである。そもそも「強制収容所の狂気の世界は、生と死の埒外にあるものだから、いかなる想像力をもってしても完全にそれを想い描くことはできない[25]」。それは「人間の理解力と人間の経験を超えたこと」であり、まさにそれゆえに証言者は「それについて完全な報告をすることができない」(「いかなる物語(récit)もそれを十全に伝えることはできない[26]」(仏訳))。その結果、これらの証言は不可避的に、「人間の言葉の世界の外にあるものを言いあらわそうとする絶望的な試み」とならざるをえないのであり、聞き手のみならず語り手自身が、「まるで悪夢を現実と取違えたとでもいうように」「自分自身の真実性についての疑惑」に捉えられかねないのである[27]。

したがって、「忘却の穴」の存在可能性を否定し去ることはできない。正常な世界の正常性そのもの、また正常な言語の正常性そのものが「忘却の穴」に封印し、〈記憶の抹殺〉の共犯者になっているかもしれないのだ。「かならずだれか一人は生き残って見て来たことを語る」と仮定しても、その証言そのものが《歴史》となりうるかどうかはけっして保証されてはいない。「完全な忘却などというものはありえない」というアーレントの発言は、『全体主義の起原』の認識からの明らかな後退だと言わざるをえないだろう。

アレクサンドル・ドナトは、一九四三年に絶滅収容所の一つマイダネクで死んだイツハク・シッパーが彼に託した次のような言葉を伝えている。

《歴史》は一般に勝者によって書かれる。抹殺された民についてわれわれが知るすべてのことは、彼らの抹殺者たちが彼らについて言おうと欲したことである。もしわれわれの抹殺者たちが勝利するなら、この戦争の歴史を書くのが彼らであるなら、われわれの絶滅は世界史の最も美しい一頁として描かれるだろう。……彼らはまた、まるでわれわれなど存在したことがなかったかのように、ポーランドのユダヤ社会もワルシャワ・ゲットーもマイダネクもかつて存在したことなどなかったかのように、われわれを世界の記憶から完全に消し去ることを決定することもできるだろう。……だが、もしもこの涙と血の時代の歴史を書くのがわれわれだとしても、……だれがわれわれを信じるだろうか。だれもわれわれを信じようとはしないだろう。なぜなら、われわれの災厄は全文明世界の災厄なのだから。われわれは聞く耳もたぬ世界に対して、われわれが抹殺された弟アベルであると証明することに空しく努めなければならないだろう。(28)

しかし、もしも歴史が「一般に」勝者によって書かれるものなら、あるいは少なくとも「生き残り」によって書かれるものなら、回復不能な忘却の脅威にさらされうるのは、ポーランドのユダヤ社会やワルシャワ・ゲットーやマイダネクばかりではないだろう。「忘却の穴」は、アウシュヴィッツやコリマやその他の場所にありえたばかりではなく、いたるところにありえたのであり、現にあったにもかかわらず、まさに「完全な忘却」であったがために、われわれの記憶の及ばぬところとなってしまったのかもしれないのだ。

2　声なき内部

ショシャーナ・フェルマンは、現代を「証言（témoignage, testimony）の時代」と見なす。とはいえ彼女は、このことによって、現代が殉教者伝や偉大さの物語に満ちた英雄的な時代だというようなアナクロニックな主張をしているのではない。まったく逆に、彼女はアーレントが援用するダヴィッド・ルッセの言葉、「もはや証人がいないときにはいかなる証言も不可能だ」[29]をアーレント以上に真面目に受けとる。現代は「証言の歴史的危機」の時代、「証言するという行為そのものがその過程のなかで重大な外傷を負った時代」であり、まさにそれゆえに証言の極限的可能性が問題となる時代なのだ、というのがその趣旨である。[30] 彼女が一つの映画を通してこの問題を論じた「証言の時代に――クロード・ランズマンの『ショアー』」は、現代の〈記憶の試練〉に真向から対峙するきわめて重要な論考であり、次のような基本的認識から出発する。

『ショアー』は、一見してそう見えるよりはるかに測りがたく、逆説的で、問題を含んだ仕方で証言を扱った映画である。『ショアー』が肯定する証言の必要性は、事実まったく独自な仕方で、この映画が同時に劇的な仕方で示している証言の不可能性から出てくる。この映画を貫く証言の不可能性は、この映画がそれと闘い、文字通りそれに抗して作られている当のものなのだが、この不可能性こそ実際、この映画の最も深く決定的な主題なのだ、とさえわたしは言いたい。ホロコーストを〈証人なき出来事〉(*événement-sans-témoin*)として、証人とその証言行為とを同時に窒息させる歴史的に把捉不能な原場面(*scène primale*)の外傷的ショックとして引き受けながら、『ショアー』は証言の極限にまでおもむき、証人であることができなかった歴史的不可能性と、証人であること――あるいは証人になること――の責務を逃れることができない歴史的不可能性とを同時に探究するのだ。[31](傍点フェルマン)

『ショアー』の冒頭。初老にさしかかったと見える一人の男が渡し舟の舳先にすわり、鬱蒼たる緑を映す川面をゆっくりと運ばれていく。そして林間の一本道をしばらく歩き、やがて広々とした空地に出ると、一瞬そこに立ち尽くしてこうつぶやく。

見分けがたくなってしまったが、でもここだ。ここで人間を焼いていたのだ。大勢の人間がここで焼かれた。そう、たしかにここだ。……だれ一人二度と戻ってはこなかった。ここにガス・トラックがやって来た。二つの大きな焼却炉があった。そしてこの焼却炉に屍体が投げ込まれ、炎が天まで立ち昇っていたのだ。

「天まで?」と念を押す傍らのランズマンにうなずいて、男は続ける。

それを物語ることはできない。だれもここで起こったことを想像することはできない。そんなことは不可能だ。だれもそのことを理解できない。わたし自身、いまではもう……。自分がここにいるとは思えない。いや、そんなことはとても信じられない。ここはいつもこんなふうに静かだった。いつも。毎日二千人の人間を、ユダヤ人を燃やしていたときも、同じように静かだった。叫び声も聞こえない。誰もが自分の仕事をしていた。それは静かなものだった。穏やかなものだった。いまと同じだった。(32)

男の名はシモン・スレブニク。彼は、ポーランド中西部ナレフ河畔の小村ヘウムノにつくられた最初の絶滅収容所で、〈同胞〉のガス殺と屍体処理を中心にナチスに協力させられたユダヤ人労働班(Arbeitskommandos)の一員であった。鉄の足枷をはめられ、短期間の労働後やはり殺される運命にあったこの人々のなかで、当時一三歳の少年だったスレブニクは、その敏捷さと美しい歌声を買われて例外的に末期まで生き残り、ソ連軍の到達二日前に執行された最後の処刑も、うなじに打ち込まれた銃弾がわずかに急所を外れていたため奇跡的に生き延びて、ヘウムノからの生還者わずか三人中の一人となる。数ヵ月後テルアビブにわたり、三〇年余ののちランズマンに「発見」され「説得」された彼は、いまヘウムノに戻り、かつて四〇万人の男女、老人、子供を灰にし、東欧イディッシュ文化の一拠点であったウッジ周辺のユダヤ人共同体を壊滅させた林間の空地(Lichtung)にたたずんで、そのあまりに重い口を開き始めたのである。(33)

歴史家ピエール・ヴィダル＝ナケをして、あえて「大虐殺に関するフランス唯一の偉大な歴史作品」(34)と言わしめた映画『ショアー』は、上映時間九時間半の大半をあげてこの種の証言の聴取にあてる。だがフェルマンの言うように、「この映画の最も深く決定的な主題」が「証言の不可能性」にあるとするなら、この一大証言集がヘウムノに帰還したスレブニクの証言から始まっていることはけっして偶然ではないだろう。「それを物語ること(erzählen/raconter)はできない」。「だれもここで起こったことを想像すること(bringen zum Besinnen/se représenter〔表象＝再現前化すること〕)はできない」。「そんなことは不可能だ」。「だれもそのことを理解できない」。「わたし自身、いまではもう……」。『ショアー』の冒頭にどうしてもこれらの発言が来なければならなかったことは、ランズマン自身の次のような発言からも十分推測できる。

わたしはまさに、この歴史を物語ることの不可能性からことを始めました。わたしはこの不可能性を最初に置いたのです。この映画の最初にあったもの、それは一方では痕跡の消失でした。もはや何も残っておらず、無だけがあるような状態で、この無から出発して映画を作らなければなりませんでした。他方では、生還者たち自身の側にこの歴史を物語ることの不可能性がありました。語ることの不可能性、事態をはっきり言うことの――この映画の全体を通して見られる――困難さ、それを名ざすことの不可能性、つまり事態の名ざしえぬ性格があったのです。[35]

ランズマンは〈絶滅〉の歴史について、「この歴史を物語ることの不可能性」から出発した。[36]『ショアー』が肯定する証言の必要性」は、事実、「この映画が劇的な仕方で示している証言の不可能性から出てくる」のである。そして、この不可能性はまさに前節で見たような二重の不可能性であり、「痕跡の消失」であるばかりでなく、「生還者自身の側」での「物語ることの不可能性」でもあった。これらの点を順に見ていこう。

まず第一に、ランズマンにとっても「痕跡の消失の問題はあらゆる点で重大であった」。[37]最高の国家秘密とされた厳密な意味での絶滅（Vernichtung）については、何の写真も映像も残っていないし、ヘウムノだけでなく、いわゆるラインハルト作戦の現場となったトレブリンカ、ソビブール、ベウジェッツの絶滅収容所は、合わせて一五〇〇万以上の死を生産したという〈死の工場〉だったにもかかわらず、徹底した証拠隠滅と解体作業の結果まるで何ごともなかったかのように、静かで穏やかな農地や林間の空地に姿を変えて使命を「完了」していたからである。[38]この〈記憶の抹殺〉の企てに対して、『ショアー』はどのように抵抗するのか。もちろん一つには、かろうじて生き残った者たちに企ての存在そのものを証言させることによってである。「トレブリンカの門をくぐった一人一人の背後には《死》があり、《死》があるのでなければならないとされた。なぜなら、だれも絶対に証言をすることができてはならなかったから」と、たとえばリヒャルト・グラツァールは証言している。[39] また一つには、痕跡の消失をいわば逆手にとり、記録映像中心の映画（たとえばアラン・レネ監督の『夜と霧』）とはまったく逆に、これら「記憶の非場所」（non-lieux de la mémoire）（ランズマン）の現在を「狂ったように」反復映写し、ヘウムノの空地の静寂や平穏、ソビブールの森の深さや空の蒼さ、トレブリンカの石の沈黙、そういった出来事の不在そのものを通して不在の出来事を喚起することによってである。この点に関しては、フェルマンはとくに『ショアー』における「屍体の不在」を強調する。[40] 彼女によれば、ナチスによる「証人の抹消過程」は、「屍体の文字通りの抹消作業」すなわち「焼却作業」によって「補完」されねばならなかった。なぜなら、すべての証人を殺害することに成功しても、なお「屍体が物的にそれら自身の殺害者たちの証人として残っている」からである。「ここには九万人が眠っているが、これらの痕跡が絶対に一つも残らないようにしなければならない」（モトケ・ザイドルの伝えるヴィルナのゲシュタポ所長の命令）。[41] これに対して『ショアー』は、屍体なき犯行現場の数々を「旅すること」によって、「われわれをこれらの屍体＝物体の不在の証人にする」とフェルマンは言う。ジェノサイドとその残虐さの映画でありながら、いかなる残虐の映像にも訴えないのが、「『ショアー』の最も際立った驚くべき側面の一つ」なのだ。[42]

　第二に、しかし『ショアー』にとってより重大な問題は、「生還者自身の側」での「物語ることの不可能性」であった。イスラエルで初めて会ったとき、スレブニクは「途方もなく混乱した話」をするので「何も理解できなかった」とランズマンは伝えている。話すことを拒否する以前に、出来事のショックで精神的に抜け殻となり「何も伝える能力がない」生還者も少なくない。ヘウムノのもう一人の生還者モルデハイ・ポドフレブニクは、「〔ヘウムノでわたしのなかの〕すべてが死んだ」と述べている。(43) ホロコーストが「証人なき出来事」であるのは、出来事のただ中からの生還者たちが肉体的には生還しながら精神的には死んでいる、あるいは少なくとも、死からの復活の困難に苦しんでいるからでもある。スレブニクは「わたし自身いまではもう」あの出来事を「理解できない」と言う。しかし、彼は実は当時もそれを理解できなかったのであり、そして、彼が当時もそれを理解できなかったのは、それが精神的死者とならずには経験しえない出来事だったからなのだ。

すべてを見てしまったときも、わたしには何も起こらなかった。……わたしはまだ一三歳で、それまで見てきたものといえばすべて死者、屍体だった。たぶんわたしには理解できなかったのだ。もしあのときわたしがもっと年長であったら、たぶん……。わたしはおそらく理解しなかったのだ。わたしはそれまで別のものを見たことがなかった。ゲットーでわたしが見ていたものは、……ウッジのゲットーでは一歩足を踏み出せば死人、また死人だった。どうせこんなものにちがいない、これが当たり前なんだ、こんなものなんだ、とわたしは思っていた。……だから、ここヘウムノに来たときには、わたしはもうとっくに……何もかもどう

でもよくなっていた。(44)

アウシュヴィッツの焼却炉で働いたユダヤ人特務班（Sonderkommandos）の生き残り、フィリップ・ミュラーの証言はさらに生々しい。

> すべてがわたしには理解不可能だった。まるで脳天に一撃を食らったような、雷に打たれたような感じで、自分がどこにいるのかもわからなかった。……そのときわたしはショック状態で、全身が麻痺してしまい、命令されれば何でもするようなありさまだった。わたしはまったく理性を失い、呆然自失していたので、……。(45)

出来事の核心を物語りうるのは出来事の核心にいた者だけだろう。ところがこの出来事は、出来事の核心にいた者がまさに核心にいたからこそ物語る能力を失ってしまう、そういう出来事なのである。この場合、特務班に課せられた「運命的秘密」の強制、「徹底的瞞着」による状況の把握不可能性、「〈他者〉の言語」への無知など、種々の不都合が事態をさらに悪化させる。(46) フェルマンはこの事態を「内部は声をもたない」と表現している。ホロコーストが「証人なき出来事」だという彼女の「哲学的仮説」は、まさにこの地点で中心に達するのである。

内部は声をもたないから、〈内部から＝内部を〉証言すること（témoigner de l'intérieur）は不可能である。内部からは内部は理解不可能であり、内部は自己自身に現前しない。……この自己への不在において内部は、すでに内側にいる人々にとっても考えられない（*inconceivable*）ものである。……沈黙の場所および声の消失点として、内部は伝達不可能（*intransmissible*）である。……焼却炉の内部、〈すべてが消え去り、すべてが静かになってしまった〉〈扉の向こう側〉には喪失があるのだ――声の喪失、生の喪失、知の喪失、意識の喪失、真理の喪失、感じる能力の喪失、語る能力の喪失が。〈ホロコーストの内部にいる〉ということが意味するものは、まさにこの喪失の真理によって構成される。だがこの喪失はまた、この内部の真理を内部から証言することの不可能性を定義するのだ。[47]（傍点フェルマン）

「内部の真理を内部から証言することの不可能性」。この認識には、現代において〈証言する〉という行為が負った傷の深さが如実に示されている。「内部の真理を内部から証言すること」が「不可能」であるなら、それを「外部」から証言することは「なおさら不可能」であろう。『ショアー』にはスレブニクやミュラーなどユダヤ人特務班の生き残りのほかに、〈絶滅〉にかかわった旧SSとナチ関係者、絶滅収容所の周辺にいたポーランドの農民たちが証人として登場し、「外部」からの証言がいかに不可能であるか、いかにそれがむしろ「第二のホロコースト」に、すなわち「証人の殺害の反復」に導くものであるかを明らかにする。[48] かくして「証言の不可能性」は、まさしく『ショアー』の「最も深く決定的な主題」となっているのである。

さて、それではこの「証言の不可能性」は、出来事についての絶対的沈黙を要求するのだろうか。語りえぬものは歴史的に無であるとして沈黙しなければならないのだろうか。けっしてそうではあるまい。証言の困難さが増せば増すほど、ますます「証言の必要性」が高まる出来事というものがあり、フェルマンも言うように、〈絶滅〉の核心にある「証言の不可能性」からは「まったく独自の仕方で」「語ることの絶対的必要性」が出てくる、とさえ言えるだろう。[49]「この歴史を物語ることの不可能性」から出発し、さまざまな証言を通じて「内部」の伝達不可能性を確認していくランズマン自身、それでも『ショアー』の問題は「伝達すること」(transmettre)にあることを認めている。[50]〈絶滅〉を「忘却の穴」に沈めてはならず、〈完全犯罪〉を成就させてはならないとするなら、語りえぬものの前でいつまでも言葉を失ったままでいるわけにはいかない。語りえぬものを前にした証人の沈黙から利益を引き出し、出来事の歴史的無をさえ結論することは、かつての虐殺者の、そして今日の〈修正主義者〉や〈否定主義者〉の狙いそのものである。「内部の真理」について語りうるものを語るだけでは十分でない。「内部の真理」の本質が語りえぬものにあるならば、語りえぬものをそれでもやはり語ることが必要なのだ。しかし語りえぬものについては、まさに定義によって語りえないのではないか。不可能なものを可能にすることは不可能なのではないか。たしかに、この場合語りえぬものを物語＝叙述(histoire)の仕方で語ることはあくまで不可能だろう。この出来事とりわけその「内部の真理」については、物語＝叙述の仕方では語ることができないということ、一定の筋や起承転結をもち、一つの整合的全体として秩序づけられる通常の言説（discours）という形では語りえないということは、スレブニクを初めとして多くの証人たちが言っていることである。[51]「すべてがわたしには理解不可能だった」と言うミュラー、「まったく理性を失い、茫然自失して」「自分がどこにいるのかもわたしにはわからなかった」と言うミュラーに、いつどこでなにがあったかについての、理性の秩序（ordo rationis）に従った〈正常な〉説明的叙述を求めることはやはり無理なのである。ところが、ここに一つの逆説がある。それはランズマンが、それでもなお〈不可能な〉証言を証人たちに要求していくとき、証人たちが断片的に発するいくつかの言葉が、物語＝叙述としては挫折するまさにそのことを通じて、語りえぬものをかろうじて示唆しているように思われることである。フェルマンも言うように、「証言は物語ることの不可能性にぶつかってつまずくが、同時にわれわれにこの不可能性を言う」のである。[52]それらの言葉がたえず寸断され、際限なく分裂し、極度に断片化することは避けられない。「映画はもろもろの証言の諸断片を結集（rassembler）しようとするが、諸証言の集合は一〇時間の映写の後でも全体性や全体化のどんな可能性をも許さないし、共約不可能な諸証言の積み重ねは、普遍化可能な理論的主張にも一義的物語の総体（une somme narrative univoque）にも到達しない[53]」。むしろこの出来事は、「証言そのものの解体を遂行するこうした断片化によってこそ」その語りえぬものを示唆される。この意味では、証言の断片化は単に不可避であるのみならず、出来事の本質を損なわないためには、すなわち語りえぬものを語りえぬものとして示唆するためには、むしろ必要でさえあると言うべきだろう。だからランズマンも、「証言の不可能性」を証言する『ショアー』自体が一つの物語にならないために、「歴史映画」にならないために、とりわけテレビドラマ『ホロコースト』のような「ロマン」にならないためにあらゆる注意を払う。[54]出来事の時間的順序は無視され、錯綜し、逆転さえさせられ、とくに「死の一種の調和的発生があったかのような[55]」説明的叙述は拒否される。かくして『ショアー』は、一見すると矛盾した「二重の歴史的課題」に、すなわち「一方では沈黙を破るという課題、他方では言説を断ち切るという課題」に応えるものとなるのである。[56]

〈絶滅〉についての一大証言集たる『ショアー』が言説的形式をとることができず、一つの物語へと全体化しえないもろもろの言葉の断片であるということは、この出来事の「内部の真理」に近づけば近づくほど、証言の言葉は詩的な言語に近づいていくということだろうか。〈絶滅〉をうたうイディッシュ語の詩の撰集を編んだラシェル・エルテルは、〈アウシュヴィッツ〉と詩の両立不可能性を言うアドルノの周知の命題にもかかわらず、「〈絶滅〉についての語りが本質的に詩によって言われることの諸理由」を考えてみなければならない、と言う。[57]「この前代未聞の出来事を前にして、他の型の言説は手も足も出ない状態に追いやられたようだ。記述の声はいつも現実に届かない。物語ないし説話のジャンルは偉大な力をもつ作品を生み出しはしたが、それでもやはり乗り超えがたい限界にぶつかる。あらゆる説明の試みは必要であり不可欠でさえあるけれども、還元的で不十分であるように思われる」。たしかに、彼女とともに「認識しえないものが言われうる唯一の様式」が「詩」であるとまで言えるかどうかは別として、プリモ・レーヴィのように、パウル・ツェランの詩の言語をその「曖昧さ」ゆえに切って捨ててしまう議論は、詩的言語の証言力をあまりに過小評価するものと言わざるをえないだろう。[58]『ショアー』の証言する力も、一つにはその「詩的構成」[59]から出てくると言ってもけっして過言ではないのである。ただし、だからといって、〈絶滅〉についての知的説明の努力が無意味になるというわけでもない。知的説明の努力は依然として、可能なかぎり「必要であり不可欠でさえある」。『ショアー』に登場する歴史家ラウル・ヒルバーグは「この映画のなかにある知の部分」を象徴しており、知はこの映画のなかでも、「出来事の目も眩むような衝撃に対抗するための闘いにおいて絶対に必要なもの」として示されている。[60]レーヴィの散文が「収容所的世界」を証言する「偉大な力をもつ作品」であることも言をまたない。語りえぬものの神秘主義や蒙昧主義は、ついには語ること自体の放棄に帰着せざるをえないだろう。記憶しなければならない出来事について、語ること自体を放棄することは問題にもなりえず、他方ではしかし、「物語ることの不可能性」を言う無数の証言をも尊重すべきだとするなら、問題はやはり、言説を断ち切りつつ沈黙を破るというあの「二重の歴史的課題」に応えること以外ではありえない。記憶しなければならない出来事があるとき、それの物語りうるものについて物語るべきであることはもちろんである。けれども同時に、ここではまさに物語りえぬものについても語らなければならないのだ。[61]

ここでもう一度、「証言の不可能性」に注目してみよう。『ショアー』が証言する「証言の不可能性」は、たしかに絶対的沈黙を不可避にするものではないのだが、歴史における忘却の脅威についてかつてなく真面目にとることを促していることは確かだろう。「痕跡の消失」としてであれ、「内部」の「声の喪失」としてであれ、「物語ることの不可能性」はこの出来事の核心に否定しがたく含まれている。そこでフェルマンの思考が注目に価するもう一つの点は、「忘却の穴」の存在を結局は否定したアーレントと異なり、ここから「歴史の理解の新しい可能性」に向かって確実に一歩を進めている点である。

この映画の新しさはまさに、それが伝える次のような驚くべきヴィジョンに、すなわち、われわれはみな知らず知らずのうちに歴史的出来事の現実性についての根本的無知に陥っているというヴィジョンにある。この無知は《歴史》によって簡単に消し去られるようなものではなく、――逆にこの無知が《歴史》としての《歴史》を包み込んでいる。この映画が示すのは、皮肉なことに歴史叙述の諸態度をも含む忘却の歴史過程（processus historique d'oubli）の発動に、いかにして《歴史》が寄与するかということである。[62]

ここで《歴史》とは、ロゴスならびにミュトスとしての歴史、物語＝叙述としての歴史一般、物語としての修史＝歴史叙述一般を意味する。「われわれはみな知らず知らずのうちに歴史的出来事の現実性についての根本的無知に陥っている」というのは、出来事としての歴史はこの意味での《歴史》にはついに還元しえない、ということにほかならない。出来事としての歴史は単にわれわれの知っていること、物語＝叙述されていることに還元しえないばかりではない。それはまたわれわれの知りうること、物語＝叙述しうることにも還元しえない。もしもわれわれの歴史的記憶が、物語＝叙述の形式をもつ伝達行為に根本的に依存するものだとしたら、出来事としての歴史はさらに、われわれの記憶しうることにも還元しえないと言うべきだろう。知る者としての、物語＝叙述する者としての、そして記憶する者としてのわれわれの現在を超えては何ものも歴史のなかにはないという確信、われわれの現在が想起によって精神に内化しうるもののみがわれわれの歴史性を構成するという確信は、過去とは実は過去についての現在でしかなく、未来はむしろん未来についての現在でしかないから、〈われわれの現在〉に現前しないあらゆるものは端的に無であるという哲学の歴史とともに古い確信と一体であり、一見してそう見えるよりはるかに根強い。けれどもこれまでの考察は、まさにこの〈われわれの現在〉の自明性こそ《歴史》の原－暴力にほかならないことを示唆しているように思われる。「痕跡の消失」や「物語ることの不可能性」(「想像すること」や「理解すること」の不可能性)ゆえに、〈われわれの現在〉をそもそもの初めから逃れていく他者たち、これらの〈記憶されえぬもの〉や語りえぬものにも何らかの場所を、「記憶の非場所」を与えなければならない。〈われわれの現在〉のうちにはけっして現前化しえない過去との関係、〈われわれの現在〉によってはついに記憶されえず、「忘却の穴」に沈んでしまった過去との関係によって〈われわれの現在〉がたえず異化され、他化されるような歴史性を考えなければならないのだ。〈われわれの現在〉の自明性を徹底して疑問に付すことが必要である。どんな歴史的思考も、あの「喪失の真理」を歴史性の本質に組み込むこと、すなわちわれわれの知を超え、記憶を超え、伝聞や伝承や伝統を超え、物語り叙述する行為を超えたものへの関係をわれわれの〈歴史への関係〉それ自体のなかに組み込むことをしないかぎり、結局は〈われわれの現在〉の特権を意識的にか無意識的にか確認することに終わってしまうからである。記憶の要請への応答も、けっして想起＝内化されえない歴史的他者たち、けっして物語られ叙述されえない歴史的他者たちの〈不可能な〉記憶、終わることのない喪を含むのでなければ、あの別の記憶、別の解釈、別の物語の暴力に抗すると自認しつつ、《歴史》の原‐暴力を無意識裡に反復することになってしまうだろう。(63)

フェルマンの言う「歴史の理解の新しい可能性」をわたしはこのように考える。彼女の思考はランズマンの『ショアー』をめぐる詳細な考察を通して、たしかにこの方向に一歩を踏み出したように思われる。さて、しかしこのことを確認しつつ最後に指摘しておかねばならないのは、にもかかわらず、フェルマンの思考には若干の疑問が残るということである。それは主として二つの点にかかわる。

まず第一に、フェルマンがそのすべての考察を終えようとするとき、はしなくも次のように言っていることを見逃すわけにはいかない。

映画は少年＝芸術家〔スレブニク〕の歌のなかで言葉と生とを復活させ、《人形たち》（Figuren）の言語喪失を回復させ、死を生によって探査し、《人形たち》の非現実的な不可視性に表情の、声の、メロディーの、歌声のユニークな特異性を付与することによってそれらに再び生命を与える。……現実の断片であり、芸術と歴史のあいだの懸け橋であるこの歌が――映画全体と同様に――芸術において現実を捕捉するものを代表すると同時に、歴史の言いえないもの（l'indicible）から障害を取り除き、証言するということを可能にしてくれるのである。[64]

ここで《人形たち》というのは、ユダヤ人特務班が溝に埋め、また掘り返し、最後に焼却炉で灰にした無数のガス殺屍体のことである。[65] とするならば、このフェルマンの言葉に顔を覗かせているのは、〈弁証法〉の最後の誘惑とでも言うべきものであることがわかるだろう。一度は最もラディカルな仕方でその「喪失」が確認されたはずの「生」の現前。「声」の現前。「言葉」（parole）の現前。これらのものを、最後の最後に「映画全体」やスレブニクの「歌声」の「芸術」的効果に訴えて「復活」させるというのが、実はフェルマンのシナリオだったのだろうか。これまで見てきたように、あらゆる物語＝叙述の挫折の後に、また挫折を通して、詩や歌や映画が「証言の不可能性」そのものを証言するということはたしかにありうるだろう。けれどもこの証言は、まさに出来事そのものを証言することの不可能性を言うのであるから、「《人形たち》の言語喪失を回復させ」たり、「歴史の言いえないものから障害を取り除」いたりすることはけっしてできないはずである。かりに生還者たちの証言に彼ら自身の「生」や「言葉」のある種の「復活」を認めるとしても、この証言がもともと「自己自身に現前しない」「内部」を再 - 現前化することはできないはずだし、ランズマンの言うように「『ショアー』はその存在において、その本質において、生還者たちについての映画ではなく死者たちについての映画である」とすれば、また『ショアー』の課題が、「いかにして死を映画にするか」ということであったとすれば、死者たちの「生」や「言葉」を生還者たちの「生」や「言葉」をもって贖うことはけっしてできないはずなのである。(66)

第二に、もう一つの誘惑が、こう言ってよければイスラエルの誘惑がある。たとえばフェルマンは、『ショアー』の冒頭スレブニクのヘウムノ帰還の場面に先立って字幕に現われるランズマンの序言のなかで、「わたしが彼〔スレブニク〕を発見したのはイスラエルにおいてであった」という一文を極度に重視し、「この映画の芸術的な力はまさしくこの発見から出てくる」とまで主張する。ところで彼女によれば、この発見が重要なのは、それが単にイスラエルにおける発見であったばかりでなく、同時にまたイスラエルの発見でもあったからなのである。

この発見はしたがって、同時に、一つの土地とその唯一の＝ユニークな意義（signification unique）の発見でもある。すなわち一方では、ヨーロッパ・ユダヤ人の虐殺からの生還者たちが結集する（自己を取り戻す）こと（se rassembler〔se retrouver〕）のできる場所、他方では、外部からやって来たランズマンが初めて内部に注意し、（反ユダヤ主義的虚構に対立する）ユダヤ的現実――物質的に創造され条件づけられた現実、一つの歴史の到達点を発見することのできる場所、そういう場所であるイスラエルの発見でもあるのだ。……イスラエルは、ランズマン自身が初めて内部から＝内部を（内的であると同時に外的な証人として）証言することができる場所、したがって、それのおかげで《わたし》と言うことができるようになり、自分自身の証言を分節することができるようになる一つの声を、彼がついに見出す場所となるのである。(67)

こうして、『ショアー』はイスラエルの発見なしには可能でなかったことになるだろう。そこでわたしの疑問とはこうである。『ショアー』とイスラエルとの本質的関係をこのように強調することによってフェルマンは、『ショアー』とそれが証言する「内部」の物語りえぬものを、またしても一つの強力な物語に、すなわち、ホロコーストとイスラエル国家の成立を本質契機とする〈ユダヤ的なもの〉の死と再生の物語に結びつけ始めているのではないか。そしてそのことによって、不可避的に、やはり記憶の手を逃れつつある他の出来事の忘却を反復し、「皮肉なことに」あの《歴史》の構成そのものによる「忘却の歴史過程」の発動に、みずからすでに何ほどか「寄与」してしまっているのではなかろうか。

実際、フェルマンはこの議論において、「ホロコーストの生還者たちの再生と結集の場」であるイスラエル、「戦後とホロコースト後のユダヤ的再生の具現」であり、「絶滅へのナショナルな抵抗の具現」であるというイスラエル像をいささかの留保もなく前提している。[68] そしてこれは、実をいえばランズマンの前作『なぜイスラエルか』が前提するイスラエル像にほかならないのだ。ランズマンによるイスラエルの発見が「一つの土地とその唯一の＝ユニークな意義」の発見であったとフェルマンが言うのも、ランズマンがこの「土地」に、何よりもまず「一つの歴史の到達点」としての、すなわちホロコーストを生き延びた「ユダヤ民族」の「再生と結集」の結果としての「ユダヤ的現実」をこそ見たからである。「わたしは一九五二年に初めてイスラエルに行ったのですが、そこに一つの真のユダヤ的世界を発見し、いわばユダヤ的肯定性（la positivité juive）を発見したことは本当に衝撃でした。……わたしはすぐにこれらのイスラエル人たちを自分の兄弟と感じ、わたしがフランス人に生まれたのは単なる偶然にすぎないと思いました」。[69] フェルマンによれば、これがランズマンにとっては初めての「内部の不意の圧倒的啓示」だったのであり、したがって、彼がイスラエルで（イスラエルに）発見した「内部」とは、「いまや初めてそのものとして認知され、その現実が一挙に彼のなかに深い反響を見出したユダヤ的なもの（judéité）の内部」にほかならなかったのである。[70]

これはつまり、『ショアー』がその証言不可能性を証言していたあの「内部」が、本来「ユダヤ的」なものだったということではなかろうか。ランズマンが『ショアー』を撮ることができ、そこで「内部から＝内部を証言することができ」たのは、何よりも彼が本来ユダヤ人だったからであり、ユダヤ人として「ユダヤ的なものの内部」を具現するイスラエルに共鳴し、そこを通ってあの〈絶滅〉の「内部」に、すなわち、これもまた本来「ユダヤ的なもの」としてイスラエルこそがその記憶を保持するとされる、あの出来事の「内部の真理」に接近しえたからである、ということにならないだろうか。そして結局、このようにしてあの語りえぬものは、何か本質的に「ユダヤ的」な「真理」となり、〈ユダヤ〉の固有名を刻印された「一つの歴史」の内部に、すなわち、大文字の「ユダヤ的《歴史》」の内部に回収されてしまうのではないだろうか（「ユダヤ的《歴史》のこの言いえない内部」[71]（cette indicible intériorité de l'Histoire juive）としてのホロコースト、とフェルマンは言っている）。

「歴史の言いえないもの」から「ユダヤ的《歴史》のこの言いえない内部」への横滑りは、語りえぬものの記憶の「唯一の＝ユニークな」保持者としてのイスラエルの特権化、「ユダヤ的《歴史》」の特権化へと容易に展開しうる。イスラエルを「到達点」とする〈ユダヤ的なもの〉の《歴史》＝物語は、「生き残り」の「修史」に対抗する〈死者たちのための物語〉であることを主張しつつ、同時に「生き残り」の「修史」そのものとしても機能しうるということ、そしてそれは、この《歴史》＝物語が、しばしばパレスチナ人を「かつてこの世に存在したことがなかったかのように」して語られてきたから、というばかりではなく、それが不可避的に、〈絶滅〉の〈声なき内部〉を〈われわれの現在〉の自己決定から、すなわち「（ナショナルな、政治的かつ軍事的な）ユダヤ的自己決定」から意義づける同一化の物語にならざるをえないからでもある、ということを忘れるわけにはいかない。これに対して、先に見た「歴史の理解の新しい可能性」を真に尊重するならば、特定の《歴史》による語りえぬものの自己固有化はどんな意味でも禁じられていることがわかるだろう。先出の歴史家ヴィダル＝ナケはホロコーストに関連して、トゥキディデスが触れているスパルタの奴隷へイローテースの「除去＝消失」を引き、厳格な秘匿や痕跡の欠如のゆえに〈何があったのか〉を具体的には物語りえない出来事の存在に注意を促している。[72] 出来事の存在だけでも知られ、推定され、想像されうるケースはまだ〈幸運〉である。けっして語られることのなかった出来事、けっして記憶されることのなかった出来事があったとすれば、〈われわれの現在〉はそのことを知らないのだ。「完全な忘却」があったとすれば、〈われわれの現在〉は忘却があったことをも知らない。語られることのなかったいくつもの〈絶滅〉が、記憶されることのなかったいくつもの災厄（ショアー）があったかもしれないのである。[73]

［補論］アーレントは《忘却の穴》を記憶したか

わたしたちは記憶の破局に立ち会っているのです。[1]
――ジャック・デリダ「パサージュ」

岩崎稔は「防衛機制としての物語――『シンドラーのリスト』と記憶のポリティクス」（『現代思想』一九九四年七月号）において、以上の小論（初出時は「記憶しえないもの、語りえぬもの――歴史と物語をめぐって」）をとり上げ、〈アウシュヴィッツ〉が提起する記憶への問いの本質論では一面で小論の立場を評価しながら、この問題をめぐるわたしのハンナ・アーレント解釈に異を唱え、「高橋自身の記憶への明敏な問いがいかに深刻な提起であるにしても、〔高橋のアーレント解釈は〕同時にかれの記憶の扱い方と問題の立て方の弱みを逆に照らし出すことになるのではないか」と論じている。[2]『シンドラーのリスト』をめぐって岩崎が展開している批判的考察に対しては、わたしは基本的には異論をもたない。表象（representation）の限界についての問いを欠くこの〈ホロコースト映画〉が、ホロコーストの記憶どころか逆にその忘却を招きうるものであること、またそれの作り出すコンテクストが、ショアーをめぐる今日の〈記憶のポリティクス〉のなかで最悪の効果を発揮しかねないことに関して、岩崎の分析はまことに正確でほとんど間然するところがない。問題なのは、小論に対する岩崎の異論が、率直にいって完全に的を外しているとしか思えないことである。以下ではその理由を述べ、あわせてアーレントにおける〈記憶〉の問題について、私見を少しく敷衍しておきたい。

1　問題はどこにあるのか

まず岩崎が小論の検討を開始する部分を見てみよう（以下、この節では引用が多少長くなるかもしれないが、テクストをできるかぎり尊重するための措置としてご了解いただきたい）。

《アウシュヴィッツ》とはどのような意味で特異な出来事であるのか。それは、《記憶》の可能性すら否定された出来事であり、事実としてすら存在できない出来事である。ただたんに隠蔽されるのではなく、それを表象する可能性を根こそぎにされた出来事である。ひたすら出来事の痕跡として、不在の存在としての静かな森や廃墟を撮り続けているランズマンの〔『ショアー』の〕映像を追いながら、われわれが思い到るのは、そうした出来事の証言不可能性の証言というアポリアを措いては《アウシュヴィッツ》を語ることはできないということであった。これは表現上の趣味や選択にとどまることではない。

適切にも高橋哲哉は、『ショアー』に関連して、《記憶》がすでに「記憶されえぬもの、語りえぬもの」の存在においてしか語り得ないという《アウシュヴィッツ以後》のアプリオリともいうべき制約を提示している。

〔小論からの引用――略〕

高橋によれば、ことがらは記憶のヴァージョンのあいだの争いではない。記憶さるべき出来事そのものが、最初から出来事の消失という出来事なのである。かれはそのことをハンナ・アーレントが『全体主義の起原』第三巻第三章で語った「忘却の穴」という概念に結びつけている。強制収容所と絶滅収容所のなかに、アーレントにとって考え続けるべき「もっとも恐ろしいこと」が存在していた。それは、あらゆる痕跡を残さない当事者の完全な抹消という観念である。抹消は、同時に完全な忘却を伴っている。そこでは人間の記憶は根こそぎにされる。絶滅収容所は「忘却の穴」の徹底的な遂行であった。だからこそ、高橋はすでに記憶の問題の核心に、「記憶されえぬもの」の存在可能性があると強調するのである。　（一八四―一八五頁）

ここまではほとんど問題はない。だが、まったく問題がないというわけではない。なぜなら、岩崎がここで無造作に結びつけている二つのモチーフ、つまり〈アウシュヴィッツ〉という出来事の「特異性」を規定しようとする彼自身のモチーフと、「出来事の消失の出来事」という小論のモチーフが、ここに見られるような仕方でしっくり重なり合うものかどうかはそれほど確実ではないからである。小論のなかでは、〈アウシュヴィッツ〉やホロコーストの「特異性」という言葉を一度も使っていない。それは偶然ではなく、意図的に使っていないのである。小論の意図の少なくとも一つは、「出来事の消失の出来事」の象徴として事実上機能しうる〈アウシュヴィッツ〉や、その他いくつかの事例から出発して、〈アウシュヴィッツ〉の「特異性」に議論を収斂させることなく、逆に「出来事の消失の出来事」のいわば遍在可能性を指摘することにある。アーレントの「忘却の穴」の概念自体、すでにヒトラーの第三帝国とスターリンのソ連という二つの全体主義体制に共通の事象を指すものとして導入されている。わたしが『ショアー』を考察するに先立って次のように書いているのも、その考察が〈アウシュヴィッツ〉以外の場所にも開かれうることをあらかじめ示唆しておきたいからである。「もしも歴史が〈一般に〉勝者によって書かれるものなら、あるいは少なくとも〈生き残り〉によって書かれるものなら、回復不能な忘却の脅威にさらされうるのは、ポーランドのユダヤ社会やワルシャワ・ゲットーやマイダネクばかりではないだろう。〈忘却の穴〉は、アウシュヴィッツやコリマやその他の場所にありえたばかりではなく、いたるところにありえたのであり、現にあったにもかかわらず、まさに〈完全な忘却〉であったがために、われわれの記憶の及ばぬところとなってしまったのかもしれないのだ」(本書一八頁)。

〈アウシュヴィッツ〉の特異性を否定するつもりはいささかもない。しかしその意味では、〈アウシュヴィッツ〉ばかりではなく〈コリマ〉やその他の場所(たとえば、七三一部隊の平房〔ピンファン〕)もまたそれぞれに特異だったのであり、それぞれに特異な仕方で記憶の破壊や表象不可能性の問題を提起しているのである。わたしがこれらいくつかの特異な出来事から出発して、それらの特異性をではなく《歴史》一般の原-暴力を強調する方向に進むのに対して、岩崎はむしろ、「表象不可能性は《アウシュヴィッツ》という固有のできごとの特異性という問題を指示している」(一八三頁）と論じていく。この違いは微妙だが、重要であると思う。この点をとくに喚起しておくのは、単に小論の基本的方向性を明確にしておきたいからばかりではない。これから見ていくように岩崎は、〈国民国家〉と〈人種主義〉への批判こそ、「アーレントの政治的なるものの概念の固有性」であったというのだが、この発想自体〈アウシュヴィッツ〉の特異性に引きずられた結果ではないか、とも考えられるからである。

ともあれ、こうして岩崎は、「記憶の問題の核心に〈記憶されえぬもの〉の存在可能性がある」という点ではわたしの主張に同意しつつも、アーレント解釈をめぐって次のように疑問を提起し始める。

しかし、かれ〔高橋〕は、こうした忘却の罠を視野におさめていたアーレントが、「記憶しがたいもの」、「想起しがたいもの」について抱いていた絶望の深みを、やがて放り出してしまったとも批判する。とくに、『イェルサレムのアイヒマン』以後、公的空間の開示をめざす彼女の政治哲学には、記憶されえぬものについて後退があることになる。

「問題は、このような事態に直面しつつアーレントの思考がどこへ向かったかということである。ただちに指摘できるのは、『全体主義の起原』以後、とりわけ『人間の条件』を頂点に展開した〈政治的なもの〉をめぐる思考のなかで、彼女がまるで〈忘却の穴〉への人間の消失に対抗するかのように、公的空間の本質を〈人間の人間に対する現われの空間〉と定義し、この〈現われ〉を記憶にとどめるべき〈物語〉の重要性と、一種の組織された記憶としてのギリシャ・ポリスの範例性とを強調したことだろう。人間の本質とはその人が〈だれ〉であるかということであり、この〈だれ〉が現われるのは人間が〈ただ物語を残して去るときだけ〉であるから、ギリシャ人たちの政治的卓越性とは死すべき者が行為とそれを証する物語を不滅のものたらしめる空間としてポリスを創設したことにある、というような思考が、全体主義による〈記憶の抹殺〉を意識したものであることは容易に想像できる。しかしながら、西洋の歴史の連続性を断ち切るような徹底した忘却の可能性を知った後で、なおこのような古典的な記憶と〈だれ〉の物語を――〈現在と将来にわたって称賛を呼び覚ます〉ような〈偉大さ〉の物語を――モデルとして掲げることは、結局一種のノスタルジックな防衛反応にすぎない、といったら言い過ぎだろうか」。高橋の指摘は、アーレント研究のなかに少なからず存在する古典志向を一蹴するという面では必要な批判なのかもしれない。しかし、同時にその批判は、アーレントの政治的なものの〈再〉開示の物語もまた、《アウシュヴィッツ以後》の物語であるかぎりひとつの「防衛反応」である〈われわれの脈絡でいえば『シンドラーのリスト』と同類の《防衛機制》である〉ということを意味している。

（一八五頁、強調はいずれも岩崎）

「『イェルサレムのアイヒマン』以後」と岩崎は書いている。ところが、続いて引用される小論の一節では、「『全体主義の起原』以後、とりわけ『人間の条件』を頂点に展開した〈政治的なもの〉をめぐる思考」が問題となっている。誤解があってはいけないので確認しておくが、わたしがアーレントについて問題にしているのは、順に、まず「とりわけ『人間の条件』を頂点に展開した〈政治的なもの〉をめぐる思考」における記憶の機能であり、次に『イェルサレムのアイヒマン』における「忘却の穴」への明示的言及である。わたしの考えでは、どちらも『全体主義の起原』での〈記憶されえぬもの〉の認識からはある種の後退を含んでいるが、小論では、まず前者について〈記憶されえぬものの記憶〉と古典的記憶との隔たりを指摘し、アーレントの後退の可能性を問いとして提起した上で、さらに後者の明示的言及について彼女の後退は「明らか」だと述べているのである。ところが岩崎は、決定的に重要なこの後者についての議論の直前で引用を断ち切り、一度もそれに言及することなくすませてしまう。右の引用文中の小論の一節は、実は次のように続いているのである。

ほかならぬ記憶の限界、物語の限界が暴露されてしまったときに、すべてが失われることは「なかったし、またありえなかった」と思えるような〈幸運な〉記憶と物語を再び歴史の基礎に据えることは、「忘却の穴」の脅威（原理的可能性）をあまりに過小評価することではないか。事実アーレントは、のちに『イェルサレムのアイヒマン』で再びこの「穴」に言及したさい、驚くなかれ次のように述べているのである。

「全体主義的支配が、善悪を問わず人間のいっさいの行為がそのなかに消滅してしまうような忘却の穴（holes of oblivion）を設けようとしたことは事実である。しかし、殺戮のすべての痕跡を除去しようとする——焼却炉で、また露天掘りの溝で屍体を燃やすことで、あるいはまた爆薬や火焔放射機や骨を粉砕する機械の使用などによって——ナチの一九四二年六月以後の熱に浮かされたような試みが失敗を運命づけられていたのと同じく、反対者たちを〈言葉もなく人に知られぬままに消滅させせ〉ようとするすべての努力も空しかったのである。忘却の穴などというものは存在しない。人間のすることはすべてそれほど完璧ではないのだ。何のことはない。世界には人間が多すぎるから、完全な忘却などというものはありえないのである。かならずだれか一人が生き残って見て来たことを語るだろう」。

これは、どういうことなのか。『全体主義の起原』ではあれほど強く「忘却の穴」の「恐ろしさ」を強調し、全体主義の警察の理想は「原理的に実現不可能なことではない」し、「技術的な」多少の困難さえ克服されれば「本当に」人間を跡形なく消滅させることが可能になるだろう、と主張していたアーレントが、どうして「忘却の穴」の存在と「完全な忘却」の可能性をこうも易々と否定することができるのか。〔中略〕「忘却の穴」の存在可能性を否定し去ることはできない。……「かならずだれか一人が生き残って見て来たことを語る」と仮定しても、その証言そのものが《歴史》となりうるかどうかはけっして保証されてはいない。「完全な忘却などというものはありえない」というアーレントの発言は、『全体主義の起原』の認識からの明らかな後退だと言わざるをえないだろう。

（本書一一三―一一七頁）

なぜ岩崎は、この部分を無視したのか。わたしの議論の肝心要の部分が、まるで「忘却の穴」にでも落ち込んでしまったかのように姿を消している。なんとも解せない話である。『全体主義の起原』以後のアーレントの思考には〈記憶されえぬもの〉についての後退があるのではないか、という小論の問題提起に対して、その肝心要の議論を引用することもそれに応えることもなく、彼自身が引用した議論(『人間の条件』を中心とした古典的記憶に対する議論)に対しても直接には応えずに、岩崎は〈後退はない〉という彼の見解を意外な方向に導いていく。

たしかに《記憶》は、もはやその核心において記憶されざるものに向かい合うことによってしか、あるいは物語不可能性に突き当たることによってしか存立しない。だが、他方で《記憶》をめぐる抗争は現につねに遂行されているのだ。「語りえぬもの、記憶されえぬもの」もまた、その闘争の場においてしか語られない。ここではアーレント論そのものに詳細に立ち入ることはできないが、少なくともこの《記憶》というアリーナのひとつの様相についてだけ述べておきたい。アーレントは、けっして高橋が述べるように《記憶》の問いの水準を後退させたのではない。むしろ彼女は一貫して《記憶》という問題に関わりつづけている。それは、後期の『精神の生活』においては、「政治的判断力」の問題として展開されていくのである。重要なことは、アーレントにおいては《記憶》の問題は、つねに《国民国家》の同一性に抗い、同時に《人種主義》へのエネルギーに転化しない解放と救済の可能性として、そのつど自覚的に考察されているという点である。つまり、彼女ははじめから、《記憶》が《国民国家》と《人種主義》にとらわれている布置を自覚的に反省化している。市民的といい、公共的と呼ばれる彼女の思考は、けっして古典回帰ではなく、私が本稿の冒頭においた布置のラディカルな異化の試みとして理解できる。(一八五頁)

まず前半。「《記憶》をめぐる抗争は現につねに遂行されている」のだから、「〈語りえぬもの、記憶されえぬもの〉もまた、その闘争の場においてしか語られない」と岩崎はいう。まったく同感である。まさかこの指摘は小論に対する批判ではあるまい。わたしはそこで、何よりもまず、記憶の要請が忘却と別の記憶との抗争のうちにあることを確認することから始めていたのだから。「仮借ない時の流れ、〈証人〉の不可避の死、日常性の支配、とりわけ生き残りによるあらゆる瞞着――〈忘却の政治〉――に抗してまず第一に記憶するのでなければ、〈考えつづける〉こともできないだろう。〔……〕死者たちの意志、彼らの〈作品〉を簒奪する別の記憶、別の解釈、別の物語の暴力に抗して、死者たちのための記憶、死者たちのための解釈、死者たちのための物語が〈弁明〉として生起しなければならないのだ」（本書三一四頁）。〈記憶されえぬものの記憶〉は、出来事についてのいっさいの記憶を破壊しようとする企てに抗して、記憶の要請を激化させに来るのであって、それを弱めたり否定したりしに来るのではない。「〈絶滅〉を〈忘却の穴〉に沈めてはならず、〈完全犯罪〉を成就させてはならないとするなら、語りえぬものの前でいつまでも言葉を失ったままでいるわけにはいかない。語りえぬものを前にした証人の沈黙から利益を引き出し、出来事の歴史的無をさえ結論することは、かつての虐殺者の、そして今日の〈修正主義者〉や〈否定主義者〉の狙いそのものである。〔……〕〈内部の真理〉の本質が語りえぬものにあるならば、語りえぬものをそれでもやはり語ることが必要なのだ」（本書二八頁）。別の場所でわたしは、今日地球上のいたるところに見られる「記憶の正統性をめぐる闘い」を「記憶の戦争」と呼び、第二次大戦後の西洋世界において〈アウシュヴィッツ〉はこの戦争の「最大の発火点」であったと書いたことがある。(3)〈アウシュヴィッツ〉を出発点の一つとする小論が、〈修正主義〉や〈否定主義〉であれ、語りえぬものは歴史的に無であるとする哲学的テーゼであれ、表象不可能性を隠蔽するドラマトゥルギー一般(たとえばテレビ映画『ホロコースト』)であれ、ともかく語りえぬものの忘却を促進することになるすべての企てに対して、自己を初めから「闘争」関係のうちに置いていることは明白である。

後半はどうか。「アーレントは、けっして高橋が述べるように《記憶》の問いの水準を後退させたのではない。むしろ彼女は一貫して《記憶》という問題に関わりつづけている」。しかし、アーレントが「一貫して《記憶》という問題に関わりつづけている」ことが、どうして彼女が「《記憶》の問いの水準を後退させた」という主張への反証になるのか。そもそもわたしは、アーレントが「一貫して《記憶》という問題に関わりつづけている」ことをまったく否定していない。否定していないどころか、むしろ前提し、前提することによって確認している。それは、「『人間の条件』を頂点に展開した〈政治的なもの〉についての思考」についても、『イェルサレムのアイヒマン』についても、すでに引用した小論の部分からあまりにも明らかだろう。アーレントが記憶の問題に一貫して関わりつづけていたからこそ、彼女が「『全体主義の起原』以後」一貫してどんな記憶を考えていたのかを問うこともできる。わたしが問いたいのは、アーレントが一貫して保持していたように思われる記憶の概念が、はたして〈記憶されえぬものの記憶〉の水準にふさわしいものであったかどうか、ということである。『精神の生活』についても同様である。記憶の問題はそこでは「政治的判断力」の問題として展開されたのだ、と岩崎はいうが、もしそうだとすれば、その「政治的判断力」についての彼女の思考に内包された記憶の概念がどんな水準のものであったか、こそが問題なのである。ところが岩崎は、こうした問いをあたかも〈抑圧〉するかのように議論の表面から消してしまう。そして「重要なこと」は、アーレントにおいては記憶の問題が「つねに《国民国家》の同一性に抗い、同時に《人種主義》へのエネルギーに転化しない解放と救済の可能性として、そのつど自覚的に考察されているという点」にある、という主張に移っていくのだ。

この主張にあたって岩崎は、問題の記憶の概念の内実をアーレントのテクストそのものに即して検証するという手続きをとらない。その代わりに彼は、記憶の概念をとくに直接に主題化しているわけではない『全体主義の起原』第二巻第五章の「国民国家の没落と人権の終焉」の議論を紹介し、事実上、アーレントがイスラエルの〈国民国家〉化に反対し、アラブ＝ユダヤ協調の可能性を求めて実践活動を展開したことをもってみずからの主張を正当化する。そして、小論に対する批判的考察を次のように閉じるのである。

繰り返すが、アーレントがここで格闘しているのは、ある悪とその《記憶》が、いまいちど特定の《国民国家》幻想の滋養となってしまうことを回避するためにである。《アウシュヴィッツ》の《記憶》は、ある特定の国民国家を擬するというもっともまずい「成り上がり」(parvenu)の態度によって、深化される機会を失ったのである。高橋が「忘却の穴」をめぐってアーレントの変質と見るものは、高橋自身の記憶への明敏な問いがいかに深刻な提起であるにしても、同時にかれの記憶の扱い方と問題の立て方の弱みを逆に照らし出すことになるのではないか。アーレントにおける記憶の問題は、高橋が見落としている含意をもっている。《記憶》、《国民国家》、《人種主義》というこの連関をずらしていくところに、そして《記憶》をこの概念の布置連関の外へと解放していく可能性を模索したところに、アーレントの政治的なるものの概念の固有性があった。ときにそれを彼女は、《物語の救済力》と理解している。高橋の記憶されざるものについてのみごとな洞察は、こうしたアーレントにおける構想力のあり方にさらに踏み込んだとき、アプリオリな制約以上のものに具体化しないものだろうか。

（一八六―一八七頁）

率直にいって驚きを禁じえない。これではまるで、わたしの「記憶の扱い方と問題の立て方」が、〈記憶〉と〈国民国家〉と〈人種主義〉の悪しき連関を問いえないという「弱み」をもつかのようではないか（そうでなければ、「かれ〔高橋〕の記憶の扱い方と問題の立て方の弱み」とは何なのか）。この連関を「ずらしていく」という「アーレントの政治的なるものの概念の固有性」を考慮しなかったために、わたしの考察は〈記憶されえぬもの〉を記憶の「アプリオリな制約」として説くにとどまり、「ある悪とその《記憶》が、いまいちど特定の《国民国家》幻想の滋養となってしまうことを回避する」ような方向に「具体化」しえなかった、とでもいうかのようではないか。

はっきりさせておきたい。〈アウシュヴィッツ〉の記憶が〈ユダヤ人国家〉イスラエルの同一化の物語に回収されてしまってはならないということ、これは、何を隠そう小論におけるもっとも明白な主張の一つである。わたしはそこで、〈記憶されえぬもの〉を記憶の「アプリオリな制約」として説くにとどまっているのではけっしてなく、ショシャーナ・フェルマンの『ショアー』解釈が「イスラエルの誘惑」に屈しているのではないかと問いかけ、岩崎が問題にするのと同じまさにその具体例に即して、「ある悪とその《記憶》が、いまいちど特定の《国民国家》幻想の滋養となってしまうこと」を明確に批判してもいるのである。またしても岩崎は、わたしのこのもっとも重要な論点の一つを無視しているので、一部を引用しておこう。

……わたしの疑問とはこうである。『ショアー』とイスラエルとの本質的関係をこのように強調することによってフェルマンは、『ショアー』とそれが証言する「内部」の物語りえぬものを、またしても一つの強力な物語に、すなわち、ホロコーストとイスラエル国家の成立を本質契機とする〈ユダヤ的なもの〉の死と再生の物語に結びつけ始めているのではないか。

〔……〕

「歴史の言いえないもの」から「ユダヤ的《歴史》のこの言いえない内部」への横滑りは、語りえぬものの記憶の「唯一の＝ユニークな」保持者としてのイスラエルの特権化、「ユダヤ的《歴史》」の特権化へと容易に展開しうる。イスラエルを「到達点」とする〈ユダヤ的なもの〉の《歴史》＝物語は、「生き残り」の「修史」に対抗する〈死者たちのための物語〉であることを主張しつつ、同時に「生き残り」の「修史」そのものとしても機能しうるということ、そしてそれは、この《歴史》＝物語が、しばしばパレスチナ人を「かつてこの世に存在したことがなかったかのように」して語られてきたから、というばかりではなく、それが不可避的に、〈絶滅〉の〈声なき内部〉を〈われわれの現在〉の自己決定から、すなわち「〈ナショナルな、政治的かつ軍事的な〉ユダヤ的自己決定」から意義づける同一化の物語にならざるをえないからでもある、ということを忘れるわけにはいかない。（本書三七―四〇頁）

〈アウシュヴィッツ〉の記憶の〈ユダヤ人国家〉への回収を批判することは、今日の決定的に重要な思想的テーマの一つであるとわたしは考えている。その批判のこれだけ明確な実践がなされているのに、それがあたかもまったく存在しないかのように書くのであれば、岩崎はわたしの側に「アプリオリな制約以上のもの」を見ることをみずから拒んだのではないか、と疑われてもしかたあるまい。同時にこの批判は、小論においては、「特定の《歴史》による語りえぬものの自己固有化はどんな意味でも禁じられている」（本書四〇頁）という一般的主張に結びついている。「〈ナショナルな、政治的かつ軍事的な〉ユダヤ的自己決定」による語りえぬものの我有化への批判は、わたしのパースペクティヴのなかでは、語りえぬものの記憶をその「無名性」の方へ突きつめていくことによって、あらゆる種類の同一化の暴力に抵抗しようというモティーフにつながっている。これはもちろん、語りえぬものの記憶を裏切る〈国民国家〉や〈人種主義〉への批判を軽視するためでは断じてない。断じてそうではなく、〈国民国家〉や〈人種主義〉への批判と同時に、しかしその批判にとどまることなく、語りえぬものの記憶への責任をどこまでも徹底させるためである。

実際、なぜ小論では、アーレントにおける〈記憶〉と〈国民国家〉と〈人種主義〉の関係をことさら問題にはしていないのか。それは、彼女の〈記憶〉の概念の問題性が、〈国民国家〉や〈人種主義〉への批判を欠如していることにではなく、〈国民国家〉や〈人種主義〉への批判はあっても、なお〈記憶されえぬものの記憶〉の次元を逸していることにこそある、と思われるからである。

岩崎の異論は、つまるところ、アーレントは〈アウシュヴィッツ〉の記憶を〈国民国家〉と〈人種主義〉の磁力から解放して深化させたのだから、彼女の記憶の問いの水準に後退はない、という点に集約されるだろう。しかし、この主張は肝心の的を外している。なぜなら、かりにアーレントの〈記憶〉の概念が〈国民国家〉からも〈人種主義〉からも完全に解放されているとしたところで、それでもわたしの問いはまったく解決されずに残ってしまうからである。ある〈記憶〉の概念が〈国民国家〉と〈人種主義〉の磁力から解放されていることは、その概念が〈記憶されえぬものの記憶〉の水準に達していることを保証するものではけっしてない。たとえば、アーレントの描き出す古代ギリシャ人たちの〈記憶〉の概念は、明らかに〈国民国家〉とも〈人種主義〉とも関係がない(そもそも古代ギリシャの〈記憶〉の概念は、アナクロニズムを犯すのでなければ、〈国民国家〉にも〈人種主義〉にも関係づけられえない)。しかしだからといって、この概念は〈記憶されえぬものの記憶〉の要請に適切に応えるものだといえるだろうか。記憶をめぐるアーレントの思考は、『イェルサレムのアイヒマン』で「完全な忘却」の可能性を公然と否定する以前に、すでに『人間の条件』で記憶のギリシャ・モデルを採用したときから、〈国民国家〉と〈人種主義〉の磁力圏の外部で、まさにこのギリシャ・モデルの磁力によって〈記憶されえぬものの記憶〉の要請を裏切り始めていたのではないか。これこそ、小論でのわたしの問いなのである。

では、記憶のギリシャ・モデルとは何か。ギリシャ的記憶についての記憶をもとに形づくられたアーレントの〈記憶〉の概念は、どうして〈記憶されえぬものの記憶〉にふさわしくあることができないのか。次にこの点を少し立ち入って考察しよう。

2　アーレントの〈記憶〉

古典回帰

岩崎は、わたしが記憶のギリシャ・モデルに対して提起した疑問を、それは「アーレント研究」に見られる「古典志向」に対しては「必要な批判かもしれない」が、アーレント自身の思考は「古典回帰」では「けっして」ない、としてこれを斥けている(すでにわたしは、岩崎の論文中で私見に触れた部分のほぼすべてを引用した)。しかし、問題は「古典回帰」ということで何を考えるかにかかっている。もしも「古典回帰」ということで、現代の諸問題から離れて古典文化に沈潜したり、古代人の経験をそのまま現代に復興しようと夢想することをいうのであれば、たしかにアーレントには「古典回帰」は存在しない。だがもしも、何らかの意味で古代人の経験をモデルとし、あるいは一種の基準として、以後の歴史や現状を批判的に見る態度をそう呼ぶのであれば、アーレントの思考には紛れもなく「古典回帰」が存在する。彼女が『人間の条件』で「労働」「仕事」「活動」の三分法を導入し、政治の本質を公的空間における「活動」(action)と規定したとき、そして、以後この「活動」の空間が「社会的なもの」の侵入によって失われ、ついに「労働する動物」の勝利によって崩壊するにいたる歴史過程を批判的に叙述したとき、彼女のよって立つ拠点が古代ギリシャ人たちの「活動」の経験にあったことは明らかである。しかもこのモデルは、場合によっては他の選択もありえたというものではけっしてない。アーレントにとって、〈政治的なもの〉の本質はあくまでギリシャ的なものであり、ギリシャ・ポリスへの参照なしに「政治」を考えることはできないのだ。この点を彼女は、『人間の条件』以後も折に触れて確認している。たとえばこうだ。

「政治的」(political)という言葉をギリシャのポリスという意味で用いるのは、独断的でもなければこじつけでもない。語源の観点から見ても、学問的にいっても、すべてのヨーロッパ語においてギリシャの都市国家という歴史的にユニークな組織にその源を発するこの言葉は、最初に政治的なものの本質と領域を発見した共同体の経験を反映している。古代ギリシャとローマの経験をある程度引き合いに出さないで、政治とその内奥の原理について語ることは、実際に困難であるばかりか誤解さえ与える。〔……〕そこで、もしポリスの意味で政治的なものを理解するとすれば、その目的、その存在理由は、妙技としての自由が姿を現わすことのできる空間を樹立し存続させることになるだろう。これは、自由が世界のリアリティであり、言葉として聞こえ、行為として見え、出来事として語られ、記憶され、物語として最終的には人間の歴史の偉大な書物に変わる、そのような領域である。この出現の空間において起こることは、たとえそれが活動の直接的な産物ではなくとも、すべて本性上政治的なのである。(4)

ギリシャのポリスは、われわれが「政治」(ポリティクス)という言葉を使用するかぎり、われわれ

われの政治的存在の根底に、その海の底に存在しつづけるであろう。(5)

ギリシャとともにローマが挙げられる場合でも、両者が同じ比重をもつと考えることはできない。たしかに古代ローマは、ギリシャでは知られていなかった「権威」や「創設」といった観念を政治にもち込むことによって、近代の革命的伝統に大きな影響を与えた。にもかかわらず、「活動」の空間としての政治という根源的意味からすれば、ローマの経験はすでに一種の喪失であったとアーレントはいう。アリストテレスのゾーオン・ポリティコン(政治的動物)が、セネカによってアニマル・ソキアーリス(社会的動物)と翻訳されたことが目印になる。「〈社会的〉という言葉はローマ起源であり、ギリシャ語にもギリシャ思想にもこれに対応する言葉はない」。「しかしこのように、政治的なものを無意識のうちに社会的なものに置きかえたということは、政治に関する本来のギリシャ的理解がどの程度失われたかということを、どんな精緻な理論よりもはっきりと暴露している」(6)。古代ローマは、西洋政治(思想)史を貫く〈社会的なもの〉による〈政治的なもの〉の侵食の起源である。

「アーレントの政治的なものの(再)開示の物語」と岩崎が呼ぶものは、このようなローマ=ラテン的変質を経て、近代以後の〈社会的なもの〉の制覇によって忘却されてしまった「政治に関する本来のギリシャ的理解」を(再)開示する、という一種の「古典回帰」なしにはありえない。その図式がどこまでハイデガー的〈存在史〉のそれと比較可能かということは、興味をそそる問題であるが、これはまた別の物語であろう(ギリシャ的根源とそのローマ=ラテン的変質、キリスト教のネガティヴな効果、この変質の近代的深化と完成、さらにはギリシャ的根源の二分割——真の根源的ギリシ

ャとそのプラトン的変質、等々)。(7)

〈活動〉の記憶と不死性

アーレントの〈記憶〉の概念は、まさにこのようにして(再)開示される〈政治的なもの〉の概念と一体である。右の引用にもあるように、政治本来の領域とは「自由が現世的リアリティであり、言葉として聞こえ、行為として見え、出来事として語られ、記憶され、物語として最終的には人間の歴史の偉大な書物に変わる、そのような領域」にほかならないのだ。「活動」の空間としての「自由」の空間は、同時に「記憶」と「物語」の空間でもなければならない。なぜなら、「活動」の様式である行為(プラクシス)と言葉(レクシス)は一定の耐久性をもつ「物」とは異なり、それだけでは生じるやいなや消失してしまう脆い存在でしかないから、「活動」のこの「空虚さ」を克服し「不死」の存在を得るためには、行為と言葉を記憶にとどめ物語としてたえず語りつづける必要があるからだ。ホメロス、ヘロドトス、トゥキディデスら、ギリシャの偉大な詩人や歴史家たちが担っていたのはまさにそうした役割なのだが、さらにアーレントによれば、実は「ポリスの創設」こそが、「この活動の脆さに対するギリシャ人たちの独創的で前哲学的な救済手段」なのであった。

ペリクレスは、ペロポネソス戦争の戦没者を弔う有名な演説を行なったが、その演説の言葉を信じるならば、ポリスというのは、すべての海と陸を制圧して自分たちの冒険の舞台とした人々の証人となるものであり、〔……〕活動した人々が自分たちの行なったよい行為や悪い行為を、詩人たちの援助を受けることなく永遠に記憶にとどめ、現在と将来にわたって称賛を呼びさますためのものであった。いいかえると、ポリスという形で共生している人々の生活は、活動と言論という人間の活動力のなかでもっとも空虚な活動力を不滅にし、活動と言論の結果である行為と物語という人工の「生産物」のなかでもっともはかなく触知できないものを不滅にするように思われたのである。ポリスという組織は、〔……〕一種の組織された記憶（organized remembrance）である。[8]

この〈記憶〉の概念が、まさに〈政治的なもの〉の概念と不可分であるために、後者についてのあらゆる考察に寄り添ってくる。『革命について』における近代の革命的伝統の考察は、「自由の活動は他人がそれを見、それを判断し、それを記憶している場合にのみ現われ、現実のものとなる」という観念を不動の基準にしているし、「〔自由の創設としての革命の〕失敗を償うことのできるもの、あるいはこの失敗が最終的となるのを阻止できるものは、記憶と回想を除いてほかにない」ということを確認している。[9]『革命について』の著作自体が、アメリカ革命の「活動」をその「記憶喪失」から救い出そうとする物語行為であったと見ることもできよう。[10] アーレントが好んでとり上げるヨーロッパ・レジスタンスについての詩人ルネ・シャールの経験も啓示的である。レジスタンスの人々は、ナチスと闘うなかで自分たちのあいだに忽然と「自由」の空間が出現し、戦争が終わるとただちにそれが忽然と消滅するのを目撃したのであるが、「この喪失は政治的リアリティの観点からはおそらく必然的であったとはいえ、忘却と記憶喪失がそれを完全なものとしたのであった」。レジスタンスの「悲劇」は、どのみち崩壊する運命にあった「自由の隠れ小島」がナチスからの解放によってほぼ自動的に解体したときにではなく、「記憶する精神」の不在が明らかになったときにこそ始まったのだというのである。(11)

「現世は潜在的に不死であると確信し、現世の枠をこのようにして超えないかぎり、厳密にいっていかなる政治も、いかなる共通世界も、いかなる公的領域もありえない」(12)とさえアーレントはいう。ところが、不死(immortal)であるとは永遠に記憶されること、個体の死後にも人々の記憶のなかで永遠に生き続けることにほかならない。したがって、アーレントにおいては、記憶されることへの欲求なしにはいかなる政治もありえないのであって、あたかも忘却されることへの恐怖が政治のもっとも深い動機をなしているかのようなのである。人々の行為と言葉が無に帰してしまうこと、各人がそれぞれ〈だれであるか〉を示したこの「特殊人間的な根源的行為」の結果が、まるで何ごともなかったかのように忘れ去られてしまうことだけは、何としても絶対に避けなければならない。そうでなければ、人間はその「活動」の「空虚さ」と死すべき生存の重みについに耐えぬくことはできないだろう。

人間事象〔すなわち活動〕の事実的世界全体は、第一に、それを見、それを聞き、それを記憶する他人が存在し、第二に、触知できないものを触知できる物に変形することによって、初めてリアリティを獲得し、持続する存在となる。記憶されなかったとしたらどうだろう。また、記憶がその自己実現のために必要とする物化が行なわれず、実際ギリシャ人が考えたように、記憶をすべての芸術の母とする物化が行なわれないとしたらどうだろう。そのとき活動と言論と思考の生きた活動力は、それぞれの過程が終わると同時にリアリティを失い、あたかもかつて存在したことがなかったかのように消滅してしまうだろう。(13)

『人間の条件』のこの一節には、〈記憶の抹殺〉こそ全体主義的犯罪の「本当の恐ろしさ」であったというあの『全体主義の起原』第三巻の認識が、はるかにこだましているのではないだろうか。「だれもがいつなんどき落ちこむかもしれず、落ちこんだらかつてこの世に存在したことがなかったかのように消滅してしまう忘却の穴」への恐怖が、この一節の背後に透けて見えるのではなかろうか。さきにわたしが、〈政治的なもの〉をめぐるアーレントの思考には「まるで〈忘却の穴〉への人間の消失に対抗するかのよう」なところがあり、それが「全体主義による〈記憶の抹殺〉を意識したものであることは容易に想像できる」と書いたのもそのためであった。しかし、注意しなければならないのはここである。たとえそれが本当に「忘却の穴」への対抗意識から形成されたものだったとしても、アーレントの〈記憶〉の概念は結果としては、〈記憶されえぬものの記憶〉とは本質的に異なるものになってしまったといわざるをえないからだ。

表象・栄光・ヒロイズム

というのも、まず第一に、アーレントの〈記憶〉は何を記憶するのだろうか。〈政治的なもの〉を記憶するのであり、いいかえれば「活動」を、つまり「出現の空間」に現われて、自分が〈だれであるか〉を他人に示した人々の行為と言葉を記憶するのである。記憶され、物語によって語り継がれるためには、「活動」はまず他人に見られ、他人に聞かれることが絶対に必要である。この意味で、「活動」の空間においては「存在と現象とは一にして同一」であり、現象しないものとは端的にいって無にすぎないのだ。(14) このような思考の〈現象学的〉前提からすれば、アーレントがフッサールやハイデガーばりに〈光〉の隠喩を多用するのも何ら偶然ではないことがわかるだろう。そこにはつねに、私的領域の「暗闇」対「公的領域の光」という隠喩が支配している。(15) フランス革命の発端は、それまで「暗黒と恥辱のなかに身を沈めていた」群衆が「初めて広い日の光のなかに出現」し、「公的領域の空間と光」を要求したときであったし、アメリカ革命が画期的であったのは、「そのとき初めて創設の行為が広い日の光のなかで生じ、そこに居合わせた＝現前したすべての人々によって目撃されることができた」からであった、等々。公的空間で「活動」する、政治に参加するということは、暗闇から出て光のエレメントに歩み入ることにほかならず、この観点から見れば、光のうちにないものはそもそも記憶の対象になることすらできないのだ。この記憶にとっては、光、出現、現象性、目撃証人(witness)への現前といった要素が不可欠である。これはつまり、この記憶の空間がほぼそのまま表象(representation)の空間に重なることを意味する。アーレントの〈記憶〉は表象可能なものの記憶なのであり、そうでなければこの記憶は、彼女のいう〈政治的なもの〉の記憶であることができないだろう。このような記憶が、いったいどうして、〈アウシュヴィッツ〉のような「それを表象する可能性を根こそぎにされた出来事」(岩崎)の記憶であることができるのか。他人に見られ、他人に聞かれるものにのみ向かう記憶が、いったいどうして、「声の喪失」(フェルマン〉を本質とするような〈扉の向こう側〉の経験を記憶することができるのか。

それだけではない。アーレントの〈表象〉空間は、そのうえさらに一つの強力な目的論的志向によって貫かれている。光のうちにあるものはなるほど記憶されうるとしても、真に記憶に価するものであるためには、他のものを凌駕していっそう明るく光り輝くのでなければならない。すなわち「栄光」(glory)に光り輝くのでなければならない。「活動が完全に姿を現わすためには、わたしたちがかつて栄光と呼んだ光り輝く明るさが必要である」[16]。「栄光」というのは具体的には、真に記憶に価するのは単なる言葉や行為ではなく、「偉大な言葉と偉大な行為」[17](ホメロス)にほかならないという意味である。ギリシャ人たちがエルガ(erga)と呼んだもの、すなわち「記憶に価するだけ十分に偉大な」行為、「偉業」といわれるものこそ、アーレントの〈記憶〉の特権的な対象である[18]。アーレントにとって「活動」の唯一の「基準」は「栄光」であり、また「偉大さ」なのだ[19]。

この記憶の目的論は、アーレントのヒロイズム(heroism)にも反映している。彼女の物語論には二重の意味でのヒロイズムがある。一方において、物語の本質はある人が〈だれであるか〉を、すなわち「他人と異なるこの行為者の唯一のアイデンティティ」を暴露することにあるから、「物語の主体」たる「主人公＝ヒーロー」なしには物語はありえない。「その人がだれ(who)であり、だれであったかがわかるのは、ただその人自身が主人公(hero)である物語――いいかえればその人の伝記――を知る場合だけである」。このかぎりでは、「物語が暴露する主人公(hero)は、かならずしも英雄的(heroic)な特質をもつ必要はない」。みずから進んで活動する「自発性」という「本来の意味での勇気」があれば十分である[20]。だが他方において、それが「栄光」に輝く「偉業」のゆえに記憶される人物の物語であるならば、当然、なにほどかの英雄物語的要素を含みこむことになる。「偉大な言葉」の語り手や「偉大な行為」の行為者を主人公とする物語は、典型的にはやはり英雄＝ヒーローの物語にならざるをえないだろう。

人間の本質が現われるのは、生命がただ物語を残して去るときだけである。〔……〕したがって、意識的に「完全」であろうとし、「不死の名声」を得る物語とアイデンティティを残そうとする人は、だれでもアキレウスがしたように、自分の生命を危険に曝すだけでなく、短い生涯と夭折を善しとしなければならない。唯一最高の活動を終えてそれ以上長生きしない人だけが、疑いもなく自分のアイデンティティの主人公となり、偉大になりうるのである。〔……〕たしかに、アキレウスも結局は、物語作者、詩人、歴史家に依存している。このような人々がいなければ、彼が行なったこともすべて空虚であろうから。にもかかわらず、彼は物語作者の手に自分の行為の完全な意味を手渡すことができる唯一の「主人公」（hero）であり、したがって典型的主人公＝英雄（hero par excellence）なのである。[21]

アキレウスの物語が「範例的意味」（paradigmatic significance）をもつのは、主人公が「生命を代償にして」「不死の名声」を得た「典型的主人公＝英雄」だからである。「最高の意味で〈活動する人間〉」であるのは、やはり何といっても英雄なのだ。[22]

それにしても、栄光、偉業、不死の名声、英雄、アイデンティティの暴露、等々——これらの要素が、〈アウシュヴィッツ〉をはじめとする「出来事の消失の出来事」にとってまったく対極にあるものだということを、いったいだれが否定しうるだろうか。これらの要素をもつ物語に「範例的意味」を与える〈記憶〉論が、〈記憶されえぬものの記憶〉の要請にどうして適切に応えることができようか。アーレントが好んで引き合いに出すもう一つの「範例」は、先に見たトゥキディデスが伝えるペリクレスの葬送演説であった。しかし、〈記憶されえぬものの記憶〉が読むべきものは、トゥキディデスでいえば、「すべての海と陸を制圧して」「不滅の記念碑を打ち建てた」英雄たちの記憶ではなく、むしろたとえば、わたしがピエール・ヴィダル＝ナケに依拠して触れた、具体的に何があったのかまったく不明のまま「消滅」させられてしまったスパルタの奴隷たち(ヘイローテース)の例ではないだろうか。[23]『人間の条件』でアーレントは、古代社会の奴隷についてこう述べている。「奴隷が呪われたのは、奴隷がただ自由と可視性を奪われていたからだけではない。むしろ奴隷は、〈暗黒＝無名状態(being obscure)〉にあるために、自分たちが存在していたという痕跡を何一つ残すことなくこの世を去らなければならない〉ことを恐れたのだ」。[24]『人間の条件』の記述ではおそらく唯一〈アウシュヴィッツ〉の恐怖を連想させるこの奴隷の恐怖が、なぜアーレントにとっては、「自由」と「可視性」と「不死の名声」の意義を讃えるためのエピソードにすぎないのか。すべてはまるで、死の直前に名前もアイデンティティも奪われ、番号に還元され、死後には数としてのみ記憶され、また数としてさえ記憶されることのなかった極限的な「暗黒＝無名状態」を垣間見たアーレントが、その恐怖を一刻も早く忘れようと、光り輝く「不死の名声」の記憶にすがったかのようではないか。

ペリクレスの葬送演説に関連していえば、アーレントがこの演説に〈政治の記憶〉を読むことにのみ熱心で、それの〈記憶のポリティクス〉をほとんど不問に附しているのは問題である。周知のようにこの演説は、ペロポネソス戦争の戦死者を「祖国」アテナイに殉じたいわば〈英霊〉として顕彰する(「かれらの英名は末ながく、わがポリスに思いをいたす者の言葉にも行いにも、折あるたびに記憶をあらたにする」)。[25] 同時にまた市民たちに、以後の戦争で「身は戦の巷に倒れようとも、己が勇徳をポリスのために惜しむべきではない」[26] ことを説く。これはまさに、〈祖国のために死ぬこと〉(Pro patria mori)の薦めの古代的一典型にほかならない。[27] ギリシャ・ポリスにおける葬送演説(epitaphios logos)の歴史を詳細に研究したニコル・ロローによれば、とりわけアテナイは「死後の栄光と名の記憶」を中心観念とし、「ポリスのために死ぬこと」を「美しい死」(thanatos kalos)として讃えるこの種の演説を制度化していたのだが、この制度においては、死者たち自身は「あらゆる《記憶》の究極の審級たるポリスの前に消失する」のであった。[28] このことは、岩崎のいう〈国民国家〉や〈人種主義〉との結合の批判だけでは、記憶の我有化の批判としては不十分であることを明瞭に示している。岩崎は近代に関して、「《記憶》が集団的な心性の次元において《国民国家》の想像力の隠れた源泉となり、多くのひとびとに自己犠牲的な死すら要求するようになる」ことを問題にするのだが、《国民国家》の代わりに《都市国家》を代入してもほぼ同じことがいえるとすれば、ギリシャ的記憶に依拠して近代的記憶を批判しようとする戦略は大きな難点をもつことになろう。[29] ロローはまた、別の研究のなかでは、アテナイとギリシャ・ポリスにおいて「政治的審級」がいかに「記憶の検閲者」として現われたかを論じている。都市国家の一体性と連続性を脅かす恐れのある内戦や敗戦の後には、ある種の悲劇の上演禁止、公的文書に関する抹消行為(exaleiphein)の公認、恩赦＝忘却(amnēstia)などによる「市民的記憶の厳重な監視」が行なわれたのであって、「何もなかったかのようにすること、紛争も殺人も遺恨も何も起こらなかったようにすること」が「政治そのもの」にほかならなかった、とさえ彼女はいう[30]。これはアーレントにとって、きわめて深刻な事態であろう。なぜなら、もしそうだとすれば、「忘却の穴」を掘ることはもはや二〇世紀の全体主義国家の専売特許ではなく、よりによって彼女の〈政治的なもの〉のモデルである(そして、あらゆる西欧的民主政治の故地である)古代アテナイの民主政下で、すでに実践されていたことになるからである(「忘却の穴」の遍在可能性[31])。

演劇・美・カタルシス

もう一つ重要な論点を挙げておこう。アーレントの〈記憶〉の表象主義はおのずから演劇モデルの優位とある種の美的要素をもたらす、ということである。アーレントによれば、「〈ドラマ〉はその名称そのものがギリシャ語の動詞dran〈活動する〉から来たのであり、このことは、劇の演技(acting)が実際に活動(acting)の模倣であることを示している[32]」。したがって、「演劇はすぐれて政治的な芸術である[33]」といえるばかりではない。「活動＝演技中を見られること(spectemur agendo)」(ジョン・アダムズ)としての政治そのものがすでに一種の演劇なのであり、ギリシャ・ポリスは「出現の空間」であるかぎりまさに「一種の劇場」だったのである[34]。公的空間とは「公的舞台」(public scene)であり、政治的空間とは「政治的舞台」(political scene)であって、活動する人々はそこに「俳優＝行為者」(actor)として登場し、「演技＝パフォーマンス」(performance)を行ない、その「妙技」(virtuosity)を競って「観客＝観察者」(spectator)の評価を受ける。『人間の条件』や『革命について』において〈光〉の隠喩に勝るとも劣らぬほど頻出するこの種の隠喩は、「演劇に由来する多くの政治的隠喩に固有の深い有意味性」[35]をアーレントがいかに確信していたかを如実に物語っている。『カント政治哲学講義』や『精神の生活』においてもこの基本は変わらない。ただ今度は、活動的生活(vita activa)よりはそれを評価する思考活動に考察の中心が移るのに応じて、俳優＝行為者の代わりに観客＝観察者が前景に出てくるにすぎない。岩崎のいう『精神の生活』の「政治的判断力」論は、出来事自体に巻きこまれずに「表象を介して」(by means of representation)[36]事態を注視する観客＝観察者こそが、芝居(spectacle)の意味を見出し、その演技を的確に判定＝判断(judge)することができる、という思想に基づいている。それは、演劇モデルのゆえに必然的に上演＝表象(representation)の空間を特権化し、「それを表象する可能性を根こそぎにされた出来事」をまたしても裏切ってしまうのだ。[37]

美的要素とは何か。アーレントの「政治的判断力」がカントの「美的判断力」をモデルに構想されたことはけっして偶然ではない。なぜなら、アーレントの〈政治的なもの〉の概念は、そのギリシャ的「現象」概念ないしは表象主義のゆえに、もともと美的なものとの強い親和性をもっているからである。

一般に文化は、活動する人々によって政治的に確保された公的領域が、出現し美となることを本質とするものに対しその本質を発揮する空間を与える、ということを示している。〔……〕政治的な経験や活動は、そのままにしておけば世界にいかなる痕跡も残さず生じては消えていくが、美はこれとはまったく対照的に不滅性の誇示そのものである。言葉と行為の偉大さは移ろいやすく、美がそれに付与されてはじめて世界にその生命を持続することができる。美なしには、つまり潜在的な不死性が人間世界に明示される輝かしい栄光なしには、すべての人間生活は不毛であり、いかなる偉大さももちこたえることはできないだろう。(38)

偉大な「活動」の記憶はしたがって、何らかの仕方で美を含む。記憶さるべきものは「美がそれに付与されてはじめて世界にその生命を持続することができる」のだから、この記憶は必然的に一種の美的記憶であらざるをえない。もちろんこの美は、悲劇的美であってもかまわない。むしろアーレントにとって、悲劇の美は「政治的判断力」や記憶と「もっとも深い」関係をもつ。なぜならそれは、われわれが「過去と和解する」という「承認のプロセス」を「他の文学的諸形式以上に表現する」からである。(39)

人間存在のカテゴリーとしての歴史の起源は、オデュッセウスがパイエケスの王の宮廷で自身の行為と苦難の物語、自身の生涯の物語〔……〕に耳を傾けたときに始まる。〔……〕単なる出来事や事件を歴史に変形するというのは、本質的に、のちにギリシャ悲劇で用いられたのと同じ、言葉による「活動の模倣」である。〔……〕オデュッセウスが自身の生涯の物語に耳を傾ける場面は、歴史にとっても詩にとっても範例的（paradigmatic）である。「現実との和解」、つまりアリストテレスによれば悲劇の本質であり、ヘーゲルによれば歴史の究極的な目的であるカタルシスは、記憶の涙によって生まれる。ここに、歴史と詩に対するもっとも深い動機が比類なき純粋さで現われている。(40)

『シンドラーのリスト』とアーレント

さてここまで来ると、読者はある奇妙な感じに捉われるかもしれない。はじめにわたしは、『シンドラーのリスト』への岩崎の批判には基本的に異論がない、と述べた。ではいったい、『シンドラーのリスト』のどこが〈アウシュヴィッツ〉を裏切っていたのか。岩崎によれば、「観るものにカタルシスをもたらしてくれる」「この英雄物語という形式こそ、すでにホロコーストを裏切っている」（一八一頁）。たしかにそのとおりである。しかし、アーレントの記憶論は、たった今見たように、まさに観客＝観察者にカタルシスをもたらす英雄物語――たとえばアキレウスやオデュッセウスのそれ――を範例視しているのではないか。悲劇的美のもつ浄化と「和解」の力（「記憶の涙」）に訴えているのではないか。岩崎によれば、「情景を再現するという手法が隔絶感をしかもたらさないのは、〈アウシュヴィッツ〉こそ、俳優では演技できない出来事だからである」（一八二頁）。これもそのとおりであろう。だが、アーレントの記憶論では、記憶さるべき「活動」は俳優＝行為者の演技＝パフォーマンスとして捉えられ、それを「一種の反復である模倣（ミメーシス）」(41)によって再現する演劇が特権化されているのではないか。〈アウシュヴィッツ〉は「個人のエピソードとしての物語がもはやありえない事態」であり、「そういった個人の可能性が解体しばらばらになった」出来事であるのに、『シンドラーのリスト』は「あくまで個人史」であり、そこには「物語の主人公がおり」、「人間とその行為との単純な統合の可能性」が疑われていない、と岩崎はいう(一八一―一八二頁)。たしかにそうだ。だがアーレントによれば、物語は「他人と異なるこの行為者の唯一のアイデンティティ」を暴露するものであり、したがって主人公なしに物語はなく、「伝記」――まさに「個人史」――こそその模範になるのではなかったか。

このように見てくると、一瞬、『シンドラーのリスト』はアーレントの記憶論の基準からいっても、「知的野蛮」(岩崎、一八八頁)であるどころか、きわめて高い得点を稼ぐ〈優秀作〉ではないかという気さえしてくる。この点で見逃せないのは、「かならずだれか一人が生き残って見て来たことを語るだろう」というあのアーレントの証言可能性の確信が、『イェルサレムのアイヒマン』で置かれていた文脈である。この主張は実は、『シンドラーのリスト』と同じく「ひとりの例外的なドイツ人のエピソード」(岩崎)に関連している。すなわち、ドイツ軍曹長アントン・シュミットが偽造書類や軍用トラックを使ってユダヤ人パルティザンを援助した――「何よりも重要なことに、〈彼はそれを金のためにしたのではなかった〉」(アーレント)――という証言である。「全体主義国家はその反対者を言葉もなく人に知られぬままに消滅させる」のだから、シュミットのような行為は「空しく自分の生命を犠牲にすること」にすぎないという主張に反対して、いや現実には、このように「かならずだれか一人は生き残って見て来たことを語るだろう」から、「何ものも〈実際問題として無益〉ではありえない」と彼女は論じたのだ。(42) アイヒマン裁判中、ドイツ人のこうした行為についての証言はこれが最初で最後であり、この証言がなされた二分間は「測りしれぬ黒一色の闇のなかに突然輝き出た光のよう」であった、とアーレントは記している。ところで、これがドイツ軍曹長シュミットではなくナチ党員シンドラーだったとしたら、彼女はどういう議論を展開することになっただろうか。シュミットの英雄的行為についての証言から、結局は〈アウシュヴィッツ〉の証言不可能性を否定する主張に向かったアーレントは、シンドラーの行為をまさに「稀有の偉業」[43](rare deed)として、「測りしれぬ黒一色の闇のなかに突然輝き出た光のよう」に描いたスピルバーグの映画のうちに、はたしてどこまで〈アウシュヴィッツ〉への裏切りを見ることができただろうか。

「かならずだれか一人が生き残って見て来たことを語るだろう」(One man will always be left alive *to tell the story*.〔ストーリーを物語るだろう〕)という主張には、ストーリー・テリングのもつ証言力への確信がある。もちろん、アーレントの「ストーリー・テリングの〈哲学〉」[44](イサク・ディネセン)を、「ハリウッドのストーリー・テリング」(岩崎)に還元できるはずはない。それはたしかだろう。けれどもこの〈哲学〉は、まさにストーリー・テリングのそれであるかぎり、「物語られるのに十分なまとまり(coherence)をもったストーリー」[45]とそれを構成するすべての要素を前提せざるをえない。そのかぎり、岩崎自身の特徴づけからいって、ランズマンの『ショアー』より『シンドラーのリスト』に適合する諸点をもつこともたしかなのだ。「《アウシュヴィッツ》において破壊されたものを、『シンドラーのリスト』はなおも存在するふりをし続けている。極論すれば、それは《アウシュヴィッツ》の否定でもある」(岩崎、一八二頁)。まったくそのとおりだと思う。批判の総括としてこれ以上適切な定式は考えられない。ただわたしが懸念するのは、右の文の『シンドラーのリスト』に代えて「アーレントの記憶論」といったとしても、この文章がそのまま成り立ってしまうのではないか、ということなのだ。〈アウシュヴィッツ〉において破壊された多くのもの、一言でいえば記憶と物語の古典的空間を、アーレントの記憶論はなおも存在するふりをし続けているのではないか。極論すれば、それは〈アウシュヴィッツ〉の否定になってしまうのではなかろうか。(46)

マグネスとカハネ

そうはいっても、といわれるかもしれない。『シンドラーのリスト』のなかには、アーレントであれば確実に批判したであろう欺瞞が少なくとも一つは存在する。それは、シンドラーの物語を〈国民国家〉イスラエルの現在につなげる最後の場面である。シオニスト修正派を批判し、あくまでアラブ人とユダヤ人の共生を追求したアーレントなら、パレスチナ人を無視して現在のイェルサレムをユダヤ人救済の〈約束の地〉として理想化するあの映像を、断固として拒否したにちがいない、と。おそらくそうであろう。わたしもそれを信じたい。だがしかし、あえていえば、この点についてもわたしには一抹の不安が残ることを告白せざるをえない。

アーレントの「シオニズムとのある時期の接近は、ユダヤ人国家の創設をめざしたものではなく、当時場所をもたないものたちのために場所を与える格闘であった。そして、まさにそれだけであった」と岩崎は書いている（一八六頁）。だが本人の証言によれば、彼女は単にシオニズムに「接近」したばかりでなく、「シオニストであった」。「ご存じのように、わたしはシオニストであったわけで、わたしがシオニスト機構と手を切った理由は、ユダヤ人委員会の反シオニズムの立場とは非常に違っていました。つまり、わたしは原理的にイスラエルに反対なのではなく、イスラエルのいくつかの重要な政策に反対なのです。どんな理由からであれ（彼ら自身の愚かさがその理由であっても）このユダヤ人国家に破局が訪れるなら、われわれのだれもがそのときどんな意見をもっていようと、それはおそらくユダヤ民族全体の最終的破局となるだろう、ということをわたしは知っているのです」[47]。この発言は、〈ユダヤ人国家〉イスラエルへの原理的反対とどのように整合するのだろうか。次は、本人の証言ではないが、アーレントの伝記作家エリザベート・ヤング＝ブリュールの証言である。

一九六七年の中東戦争のあいだ、ハンナ・アーレントはイスラエルの戦勝を熱烈に誇っていた（intensely proud）。いつもはイスラエルの政策に批判的な彼女が、友人の一人がいった言葉を使えば、〈戦争花嫁のように〉ふるまっていた。アーレントは攻撃的な軍事行動と防衛的な軍事行動をはっきり区別し、五六年戦争は愚かであったが、六七年戦争は理解できると考えた。〔……七三年戦争が始まった一〇月九日、フランスのラジオ局のインタヴューで〕彼女は「ユダヤ民族はイスラエルで一つになっている」といい、ユダヤ教は国民宗教（national religion）だと無批判に説明さえした。〔……〕六七年のときと同じく、アーレントはユダヤ防衛連盟（the Jewish Defense League）に寄付をした[48]。

衝撃的というほかはない。六七年戦争への反応もさることながら、ユダヤ防衛連盟への再度にわたる寄付などまったく驚くべきことである。いうまでもなくこの連盟は、メイル・カハネによって米国で創設された〈人種主義〉的傾向をもつユダヤ人極右組織であり、一九九四年二月ヘブロンでパレスチナ人の大量射殺事件を惹き起こしたバルフ・ゴールドシュタイン医師もかつてそのメンバーであった。エドワード・サイードの的確な問いを繰り返せば、「マグネスとカハネ双方を支持したアーレントは、いったいこの矛盾をどうやって調停したのだろうか[49]」。もしも、このヤング＝ブリュールの証言に信をおくことができるとすれば、アーレントの「政治的判断力」論が置かれていた実践的コンテクストはにわかにかき曇ってくる。この謎を解くには、アーレントの対イスラエル関係の「活動」に関するわれわれの記憶を、もう一度徹底的に洗い直す以外にない。いずれにせよ、彼女の実践を根拠にその記憶論の深化をいうことには、多少とも慎重にならざるをえないだろう。

第二章

《闇の奥》の記憶

アーレントと「人種」の幻影

記憶に法はなく、法に記憶はない。
——エドモン・ジャベス「言葉の発明」(1)

ハンナ・アーレントは『革命について』や「ヨーロッパとアメリカ」などで、アメリカはEuropean mankindの企てであるとくりかえし述べている。

北アメリカの植民地化と合衆国の共和政は、European mankindのおそらく最大の、まちがいなく最も大胆な企てであろう(2)。

この文脈で重要な点は、良かれ悪しかれ、アメリカはつねにEuropean mankindの企てであったということである。アメリカ革命ばかりでなく、その前後に起こったことはすべて「大西洋文明全体の内部での出来事であった(3)」。

アメリカの共和政は、十字軍以来初めて共通の企てに乗り出したEuropean mankindの最大の冒険にその起源を負っている(4)。

European mankind とは何か。これをどう理解し、どう「翻訳」すべきか。

現行の邦訳では「ヨーロッパ人種」となっているが、これは適切とは思われない。人間(man)の種類(kind)の意味で「人種」としたのかもしれないが、この語は不可避的に race, Rasse の意味での人種を連想させ、人種主義批判の思想家アーレントを人種主義者にしてしまう(5)。

European mankind は、もちろん基本的には人類の一部としてのヨーロッパ人、「ヨーロッパ的人類」を意味するだろう。しかし同時に、この言葉は、ドイツ語版の europäische Menschheit やフランス語訳の humanité européenne がそうであるように、超越論的現象学の哲学者フッサールが語った「ヨーロッパ的人間性」(europäisches Menschentum)にも比肩しうるニュアンスを漂わせている。European mankind も「ヨーロッパ的人間性」も、ゾーオン・ロゴン・エコン(ロゴスをもつ動物)の先端部分を担っている。哲学と政治の違い――アーレントなら対立と言うだろう――はあるにせよ、いずれも古代ギリシャでその根本理念を創建し、近代の革命的企て――一方はデカルト的自覚の、他方はまさにアメリカ革命の――によってその復活を果たしたのも束の間、ただちに長期低落傾向に陥り、二〇世紀に入ってついに決定的危機を迎える点でもよく似ている。フッサールとアーレントの思考は、それぞれにこの危機との対決にほかならなかったとも言えよう(6)。

European mankind の危機とは何か。それは、ギリシャのポリスで創建された政治(politics)の理念の決定的消失の危機であるが、同時にまた、European mankind が「ヨーロッパ人種」

と化すこと、まさにそのことの危機でもある。アーレントにとって「西洋の没落」とは、「諸民族の家族としてのヨーロッパ[7]」(europäische Völkerfamilie)が崩壊し、「人種社会」と化すことにほかならない。European mankind が「ヨーロッパ人種」となることもその意味でなら十分ありうる。ありうるけれども、あってはならないことなのである。

ヨーロッパ諸民族の生存能力についていかなる展望、当然の期待を抱いても、また民族を全体としてモッブに変えることが不可能だといかに証明しようとも、われわれがホッブズの述べた、必然的にわれわれを没落へと導くしかない過程の始まりに立っていることがいつの日にか真実だと万一証明されるとしたら、このような現実の西洋の没落が、民族(Volk)の人種(Rasse)への没落ないし転換という形で実現するだろうということは、今日すでに明らかになっている。そしてついには、ドイツ民族は「スラブ人」だけに、イギリス民族は「白人」だけに、フランス民族は「混血人種」だけになってしまうであろう。まさにこれこそ、西洋の没落であろう。
なぜならば、自然科学や精神科学を専攻する学者たちが何といおうと、人種とは、政治的にいえば人類(Menschheit)の始まりではなくその終わりであり、民族の起源ではなくその没落であり、人間の自然な誕生ではなく不自然な死だからである。[8]

注意したいのは、ここでは「民族」が「人種」とともに「人類」や「人間」に対立するのではなく、「人類」および「人間」とともに「人種」に対立していることである。アーレントによれば「民族」とは、本来「共生する人びとが構成する政治的組織のおかげで存在しているもの」[9]であり、彼女の考える意味での「政治」と結びついている。ナショナリズムや民族主義、国民国家などへの周知の批判にもかかわらず、「民族」への帰属そのものは彼女にとって「人間」であることの条件である。「民族の人種への没落」としての「西洋の没落」は、まさに「政治」の終焉であることによって「人間」の「死」であり、「人類」の「終わり」なのである。

いいかえると、アーレントの考える「政治」は、一方では「ヨーロッパ」と、他方では「民族」と本質的に関連している。以下でわたしは、この関連を、とくに〈記憶〉の概念を導きの糸として掘り下げてみたいと思う。なぜ〈記憶〉かといえば、第一章（および補論）で論じたように、アーレントの政治思想は全体として《記憶の政治学》とも言えるようなところがあり、そのかぎりこの概念は、彼女における「ヨーロッパ」および「民族」の意味にも少なからず光を当てるにちがいないからである。ところでこのアプローチは、必然的にアーレントのアフリカ表象の問題性を浮かび上がらせることになる。「民族の人種への没落」とは、〈記憶〉の観点からいえば実は記憶の無化であり、記憶の闇の中への転落なのだが、この記憶の闇を具体的にイメージさせるものこそ「アフリカ」であり、《闇の奥》としてのブラック・アフリカだからである。**European mankind** の崩壊、「西洋の没落」は、アーレントにおいてはヨーロッパのアフリカ化として表象されるのである。

1　アフリカの記憶

たとえば、こうである。

> 人権を国民国家において実現される人民＝民族主権（Volkssouveränität）と結合させたことの真の意味が初めて明らかになったのは、ヨーロッパのただ中にいながらあたかもアフリカ大陸の荒野に非運にも放逐されたかのように、人間としても民族としても基本的権利をまったく保証されない人びとや民族集団が続々と現われるようになったときである。[10]

『全体主義の起原』第二巻第五章で「国民国家の没落と人権の終焉」を論じるアーレントは、人権の抽象的普遍性とそれを保証すべき国民国家の民族中心的性格との根本矛盾を批判しつつ、結果として生じた膨大な数の無国籍者の出現を、このように「ヨーロッパのただ中」への「アフリカ」の出現に喩えている。「人間」と「民族」の終わり（「人間としても民族としても基本的権利をまったく保証されない人びと」）は、「ヨーロッパ」の終わりと一つであり、「ヨーロッパ」の終わりは「ヨーロッパの外部、暗黒大陸アフリカ」の始まりなのだ。[11]

ところで、この比喩はすでにある〈記憶〉を踏まえている。彼女がいま眼前にしている出来事は、かつて別の場所で起こったヨーロッパのアフリカ化をある仕方で連想させ、その記憶を喚起するからこそこのように記述されたのである。それは、一七世紀半ばに南アフリカに渡ったオランダ系移民ブーア人(Boers)の「白人人種化」の記憶である。

民族全体をモッブに変えるためには、人種的教説と果てしない膨張過程とが中核になっている帝国主義は、かつて愛国主義が、のちにナショナリズムが行なったのと同じくらい、民族を掌握し、動員する必要があっただろう。しかしこのようなことは、これまでヨーロッパ系の小民族であるブーア人にしか起こらなかった。ブーア人は、アフリカの諸部族のただ中で不幸な運命に遭遇していたので、彼らにとって一切の困難を避けるために白人の人種組織に逃げ込むのが最も手っ取り早い逃げ道だった。[12]

「アフリカの諸部族のただ中で不幸な運命(unglückliches Schicksal)に遭遇していた」「ヨーロッパ系の小民族」というブーア人の記述は、「ヨーロッパのただ中にいながらあたかもアフリカ大陸の荒野に非運にも(in widriges Schicksal)放逐されたかのよう」だ、という無国籍者たちの記述に完全に対応している。ブーア人の遭遇した「不幸な運命」とは、南アフリカの劣悪な土地と原住民の人口の多さが「集約的農業と密な定住」を許さなかったために、本来ヨーロッパ系の小民族であったブーア人が「短時日のうちに現地の野蛮な遊牧民と余り変わらなくなって」しまい、「民族から白い人種部族へと転落した」ということである。[13]この「民族から人種への決定的破滅的転化」において、「アフリカの諸部族のただ中」でのヨーロッパ（ブーア人）のアフリカ化（人種部族化）は、第一次世界大戦後の「ヨーロッパのただ中」でのヨーロッパ（諸民族の家族）のアフリカ化（人種社会化）を先取りしていた。『全体主義の起原』第二巻を締めくくる「国民国家の没落と人権の終焉」の章の最後の言葉、今日の「文明世界」は「内的崩壊の過程の中で数百万という数え切れぬほどの人間を、未開部族や文明に無縁の野蛮人と本質的には同じ状態に突き落とすことによって、あたかも自分自身の内から野蛮人を生み出しているかのようだ[14]」という言葉も、ヨーロッパとアフリカの関係を文明と野蛮の対立に重ねるアーレントの前提を知るなら、単なるレトリックではけっしてないことがわかる。

ブーア人の「白人人種化」の〈記憶〉と言ったが、もちろん事態は単純ではない。たしかにアーレントは、この出来事に関して集中的な考察を行なった『全体主義の起原』第二巻第三章の「暗黒大陸の幻影世界」という節で、まるで彼女自身が当事者または目撃証人であったかのように、ブーア人の経験をその内面にまで立ち入って生き生きと描写している。単なる〝客観的〟な歴史叙述ではなく、かといって何らかの〝政治的〟立場から裁断するのでもなく、ブーア人たちの「経験」ないし「意識」の内実をありのままに開示すること——それはアーレントがここでみずからに設定した課題でもあった。彼女によれば、二〇世紀の人種イデオロギーに「決定的意味」をもったのは、あれこれの先駆的な人種思想であるよりも、むしろ「ヨーロッパ人がアフリカで味わった経験」である。[15] ブーア人は「一九世紀のうちにみずから人種主義社会を構成した唯一の白人民族」であるが、その人種主義社会は、彼らが「理解することはおろか自分たちと同じ人間と認める用意さえできていなかった種族の人間とぶつかったとき、その危機を克服すべく生み出した非常手段」にほかならなかった。したがって、人種主義が近現代の政治に及ぼした宿命的な作用を理解するためには、何よりもまずブーア人のこの「危機」の「経験」に内側から接近しなければならない。〝客観性〟を標榜する歴史学や比較民族学といった学問、またすでに「経験」から離れて何らかの〝政治的〟立場に立つまなざしは、いずれもここでは役に立たない。アーレントが依拠するのは、一種の〝文学的〟な記憶、ジョゼフ・コンラッドの小説『闇の奥』（*Heart of Darkness*）である。

人種妄想を正当化しうる根拠は理論的にも政治的にも存在しない。したがってそれを生んだ驚愕を理解するために、民族学者に教えを請うても無駄である。民族学者はまさにこうした恐怖からこそ自由でなければ研究が成り立たないのだから。また人種主義狂信者はこの驚愕を超越していると自称するゆえに、さらには、あらゆる種類の人種思想に正当にも戦いを挑む人びとは、人種思想はおよそいかなる現実的経験の基礎をももたないと考えるもっともな傾向があるゆえに、いずれも役に立たない。それよりはジョゼフ・コンラッドの物語(Erzählung)『闇の奥』のほうが、歴史、政治、比較民族学のこの問題に関する書物よりもこの経験の背景を明らかにするのに適しているだろう。(16)

ある種の歴史的経験を記述するのに文学テクストを援用するのは、アーレントの常套手段であって、『全体主義の起原』だけでも、一九世紀ユダヤ人社会史とプルースト、イギリス帝国主義とキプリング、大陸帝国主義の官僚制とカフカなど、すぐにいくつかの例が思い浮かぶ。行為の証言形式として物語(Erzählung, story)を重視する思想に基づく戦略であり、とくにここでのように、「人種妄想」の起源にある「驚愕」や「恐怖」に接近しようという場合には、十分意味のある戦略といえよう。とはいえ、なぜコンラッドの『闇の奥』なのか。この選択には少なからぬ問題が含まれている。

第一に、『闇の奥』はブーア人の経験を描いたものでも、それをモデルにしたものでもない。アーレント自身の言葉を信じるなら、「ブーア人はまったく文学を創造しなかったため、彼らがヨーロッパ民族から未開民族の酋長へと変わっていった発展段階を、われわれは推測することしかできない」のが実情なのだ。(17)『闇の奥』が作者自身のコンゴ旅行の「経験の記録」(コンラッド)であったとしても、またクルツのモデルがコンゴ奥地の代理人クラインではなく、アーレントの想定どおりカール・ペータース(ドイツ領東アフリカの植民者)であったとしても、この作品はブーア人の経験についてはけっして直接には証言できない。アーレントはここで、本来あるべき文学的記憶の不在を補塡する、別の場所についての別の文学的記憶に訴えているのであって、〝経験そのもの〟の代補の代補を操作することしかできないのだ。

第二に、アーレントは『闇の奥』を、「歴史、政治、比較民族学」とは異なる「物語」であり、「政治」と区別された「経験」の記述であるかのように語っているが、これは実態とは程遠い。チニュア・アチェベのように「コンラッドの『闇の奥』における人種主義」を語ることも不可能ではない[18]。少なくともこの作品が〝単に文学的な〟作品ではなく、人種主義的「狂信」や反人種主義的「戦い」とは別であるにしても、やはり「人種」にかかわるある本質的な「政治」を含んだ作品であることは確かなのである。テムズ川の河口に浮かぶ帆船ネリー号上でマーロウが物語る、奥地代理人クルツを索めての「闇の奥」への旅の記憶は、コンゴにおけるベルギーの帝国主義的支配の悲惨な帰結への告発の調子を響かせながらも、「暗黒大陸アフリカ」を見る「ヨーロッパ文明」の視点をたえず確認している。サイードも指摘するように、「マーロウは自分のアフリカへの旅の物語を語りながら、クルツの行為を反復し確認する、つまりアフリカの不可解さ（strangeness）を歴史化し物語ることによって、アフリカをヨーロッパの覇権に戻そうとする[19]」のであり、ここではアフリカ経験を物語ることと、アフリカに対するヨーロッパ中心主義的表象を受け入れることとを分離することはできないのだ。アーレントがこの「政治」を問題とせず、『闇の奥』を「経験」の「物語」としてのみ見ようとしていることは、彼女自身がこの「政治」

を共有していることの証左ではないか。以下ではこの疑問に答えてみたい。

2　記憶の闇としてのアフリカ

アーレントが行なった『闇の奥』からの唯一まとまった引用。

「これらの前史的人間（prehistoric man）がわれわれを呪ったのか、崇拝したのか、それとも歓迎したのか、だれがそれを言えただろう。われわれは周囲の理解から遮断されていた。精神病院の狂騒を目のあたりにしたときの正気の人間のように驚きとひそかな恐怖に満たされて、われわれは幽霊のようにそこを通り過ぎていった。われわれはあまりに隔たっていたため理解できず、原始の時代の闇、ほとんど痕跡（sign）もいかなる記憶（memories）も残さずに遠く過ぎ去った、かの時代の闇に迷いこんでしまったために、記憶すること（remember）もできなかった。大地はこの地上のものとは思えなかった……そして人間は……いや、彼らは人間でなくはなかった。そうなのだ、これが一番始末の悪いことだった——彼らも人間でなくはないらしいという疑惑が。それはじわじわと心に忍びこんだ。彼らは吠え、跳びはね、回転し、そして恐ろしい形相を見せた。しかしおぞましさに戦慄が走るのは、彼らが人間だと考えるとき――われわれと同じ人間で、この野蛮と激情の狂騒が遠いところでわれわれの血とつながっていると考えるときだった[20]」。

ブーア人（ヨーロッパ人）が、「理解することはおろか自分たちと同じ人間と認める用意さえできていなかった種族の人間とぶつかったとき」の、「恐怖」と「驚愕」。「前史的人間」や、「記憶」を絶した「痕跡」なき「原始の時代の闇」といった表現は、アーレントが『闇の奥』から読みとろうとするものを少しの狂いもなく表示している。「大陸全体にひしめく住民としての黒人を見たときのヨーロッパ人を襲った根元的な恐怖」とは、「この黒人もまたやはり人間であるという事実を前にしての戦慄」であり、そこから「このような〝人間〟は断じて自分たちの同類であってはならないという決意」が生まれ、人種主義が形成された、と彼女は言う[21]。では、「この黒人」とは何か。「このような〝人間〟」とはどんな〝人間〟なのか。記憶をもたない〝人間〟であり、記憶をもたないゆえに歴史をもたない〝人間〟である、と彼女は答える。「暗黒大陸アフリカ」の「暗黒」とは、この記憶の闇、記憶の《闇の奥》としての「暗黒」なのだ。記憶も歴史ももたない〝人間〟は、「過去も未来も、目的も業績も知らぬ生物」にほかならず、「したがって、彼ら〔ヨーロッパ人〕にとっては精神病院の患者のようにまったく理解できない存在だった」と彼女は注釈している[22]。ブーア人の「不幸な運命」が始まるのもここからである。「ここの環境の条件に同化してのみ」自滅を免れることができた彼らは、みずからこの記憶の《闇の奥》に入っていく。「ブーア人は原住民を人間としてではなく新しい大陸の原料と見なし、ほしいままにこの〝原料〟を搾取して怠惰な寄生的生活を送るうちに、自分自身が原始的部族の段階にまで堕ちてしまった」のであり、彼らの黒人奴隷制は「ヨーロッパの一民族が黒人部族の生活様式にみずからを同化させた方式」であった。(23) ブーア人のこのアフリカへの「同化」こそ、彼らの「民族から人種への決定的破滅的転化」を引き起こした当のものにほかならない。つまり、「人種」とは〈記憶なき民〉の別名なのだ。

ここで疑問が生じる。ブーア人のアフリカへの「同化」を、「自分自身が原始的部族の段階にまで堕ちてしまった」(「現地の野蛮な遊牧民と余り変わらなくなってしまった」)と記述し、これを「不幸な運命」として、「民族から人種への決定的破滅的転化」として語っているのはアーレントである。すると、彼女にとっても〈記憶なき民〉としての「人種」が実在するのではないか。アフリカ原住民を「前史的人間」として、記憶も歴史ももたない「原始の時代の闇」の住人として物語るマーロウの知覚を、彼女もまた共有しているのではないだろうか。

たしかに彼女は、原住民は「彼ら〔ヨーロッパ人〕にとっては精神病院の患者のようにまったく理解できない存在だった」とも書いているし、あくまで「彼らにとって」のアフリカ「経験」が問題であるかのように議論を始める。ところが彼女は、結局はこの「彼らにとって」の記述を自分自身で引き受けてしまうのであり、「人種妄想を正当化しうる根拠は理論的にも政治的にも存在しない」と明言しておきながら、彼女独自の「人種」概念を基礎づけ、「人種妄想」を正当化さえしてしまう。

人類の歴史は諸民族の名を記憶しているが、それら民族の部族時代の祖先については不明確な知識しか与えてくれない。人種という言葉は、似而非科学的諸理論の霧のなかから拾い出されて、独自の歴史の記憶も、記憶に価する事蹟もまったくもたない未開部族を指す言葉として使われるようになるやいなや、明確な意味をもつようになる。それとともに人種は本質的に政治的な概念となり、特定の政治的組織形態を指す言葉となる。ヒトラーは「人種」という言葉をこの意味で使って、「われわれは人種ではない、まず人種にならなければならない」とくり返し強調していた。その他のナチ文筆家たちも――彼らの多くがアフリカ生まれの在外ドイツ人だったことは偶然ではない――似たような考え方をしていた。この意味での真の人種はアフリカとオーストラリアにしか現われなかったと思われる。彼らは今日に至るまで、完全に歴史と事蹟を欠いた唯一の人間であり、一つの世界を築くことも、自然に手を加えて何らかの意味で利用することもしなかった唯一の人びとである。[24]

「真の人種」(wirkliche Rasse)と書かれているのは筆がすべったわけではない。原住民部族(Stämme)は「真の人種組織体」(wirklicher Rasseverband)であり、「ほとんど動物的な存在、つまり真に(wirklich)人種的存在にまで退化した民族」である、とアーレントはくり返し書いている。[25] 彼女にとって「真の人種」は、「独自の歴史の記憶（geschichtliche Erinnerungen）も、記憶に価する事蹟（Taten）もまったくもたない」人間集団という「明確な意味」（präzise Bedeutung）によって定義される。それは、「民族」（Volk）がもつような本来の政治的組織はもたないが、「未開人ですら何らかの形の人間共同生活を営む」[26] かぎり、「本質的に政治的」なものであり、「似而非科学的諸理論」が唱えるような〝生物学的〟存在ではない。そしてそのような「真の人種」が、二〇世紀ヨーロッパでヒトラーによって「ヨーロッパ諸民族」の解体の果てに夢見られたばかりでなく、アフリカとオーストラリアでは「今日に至るまで」たしかに実在しているのだ、というわけである。ナチスが夢見たものとアフリカ原住民の存在が等しいとすれば、彼女がブーア人の人種主義に理解を示し、彼らの「人種妄想」を「正当化」したとしてもとくに不思議はないのかもしれない。「他のケースと違ってブーア人の人種主義（racism）には、一片の真実（authenticity）といわば潔白さ（innocence）が含まれている[27]」。「ブーア人が正当な軽蔑（so viel berechtige Verachtung）と、いっそう正当な恐怖（noch viel berechtigteren Grauen）をもって見下していた原住民部族のただ中に彼ら自身が堕ちてしまったとは、自分ではほとんど気づいていなかったのだろう[28]」。

人種主義批判者アーレントによる「真の人種」の発見。「人種妄想」の正当化。これを一時的な迷誤、のちに克服される初期の偏見の現われなどとして片付けることができないのは、彼女の「政治」思想の中心にある「記憶」や「事蹟」といった概念を操作し、「世界」や「故郷」といった概念を動員しつつそれがなされているからである。

アーレントの言う「政治」は、古代ギリシャ・ローマの記憶に結びついている。この記憶は〈記憶〉についての記憶であり、「一種の組織された記憶(organized remembrance)」であったギリシャ・ポリス、都市創設の「偉業＝事蹟(res gestae)の記憶」というローマ的観念についての記憶である。彼女によれば、言葉と行為(deed, Tat〔偉業＝事蹟〕)を要素とする人間の活動(action)は、人々に記憶され語られつづけなければすぐさまリアリティを失い、まるで何ごともなかったかのように消滅してしまう。「政治」の存在理由は、人々の「共通世界」を樹立し維持することによって、「活動」をこの「虚しさ」から救うことにある。古代ギリシャでも、このような記憶をもち、このような事蹟を残しうるかどうかが人間と動物を区別したのであって、しかも「人間と動物とのこのような区別は人間の種そのもののなかにも適用される」。「〈死すべきものよりは不死の運命を好む〉者だけが真の人間であり、逆に、自然が与えてくれる快楽だけに満足する者は動物のように生き、動物のように死ぬのだ[29]」。アフリカや「人種」に対するアーレントの表象は、すでにこのような「政治」――記憶の政治――の観念と根底から結びついているのである。

未開部族の悲劇は、彼らがまったく手をつけることのできない自然の中で、それゆえに自然に圧倒されたままで生きていること、そして彼らの生の一つ一つの痕跡(Spur)を後代に伝える共通世界、それが全体として人間的に理解しうる彼らの存在証明となりうるはずの共通世界を築くことなしに生き、そして死んでいくことにあるが、この自然に囚われた状態とそれゆえの虚しさ(Flüchtigkeit)とが、われわれにとって「自然状態」の本来の特徴であるとするならば、現代の無国籍者・無権利者は事実上「自然状態」に引き戻されてしまっている。たしかに彼らは野蛮人ではなく母国の最も教養のある階層に属する者も多いが、にもかかわらず彼らは、野蛮状態をほとんど完全に克服した世界のただ中にあって、来るべき野蛮化、ありうべき文明の退化の最初の使者であるように思われる。(30)

「来るべき野蛮化」「ありうべき文明の退化」とは、くり返すがヨーロッパのアフリカ化である。ブーア人の例は、「歴史の過程が必然的に〈進歩する〉という幻想を打ちこわすのに大いに役立った」(31)。なぜなら彼らは、「正常なヨーロッパの生活状態に二度と復帰できない人間」になり、「自分の住む世界の創造と変革にたえず関与して生きるヨーロッパ人の基本的エートス」を不可逆的に失ってしまったからである。(32)「共通世界」の樹立と維持、「世界の創造と変革」としての「政治」は、やはり本質的にはヨーロッパ的なものなのだ。それはまた、「人間」が本質的にはヨーロッパ的だということでもあり、あのEuropean mankindこそ本来「人類」のエッセンスだということでもある。ヨーロッパのアフリカ化とは、人間の動物化であり、「真の人間」の「ほとんど動物的な」人間への退化なのだ。世界の内に在ること(In der Welt sein)としての人間、世界をもつ者（welthaft）としての人間と世界に乏しい者（weltarm）としての動物、民族（Volk）としての共通世界といった規定の点で、この思想がハイデガーの世界論につながっていることはいうまでもないだろう。(33)

共通世界としての「世界」は、記憶とともに「法」を不可欠の構成要素としている。アフリカ原住民と彼らに「同化」したブーア人の「無世界性」（Weltlosigkeit）は、記憶の不在ばかりでなく「法」の不在、「完全な無法状態（Gesetzlosigkeit）」のしるしでもある。

> 人種部族の非実在性、彼らの亡霊のように見える行動は、彼らが世界を築かなかったことに由来している。〔……〕世界をもたないことから生じる原住民部族のこの非現実性こそ、アフリカに怖るべく血なまぐさい絶滅行為（Vernichtungen）と完全な無法状態とを招き寄せたものだった。人種組織体の幻的性格は、人間によって築かれ法によって支配される世界の欠如に基づいている。ブーア人のトレック〔移住〕、つまり彼らが隣家の煙突の煙を堪ええず、いかなる法律にも服せず、いかなる境界線をも認めえなかったことは、彼らが神々となり支配者となった黒人世界（schwarze Welt）に彼ら自身が組み込まれてしまったことの結果だった。互いの結びつきも法律もない彼らのアナーキックな共同生活には、彼らがまことに不幸な運命（widriges Schicksal）を送った暗黒大陸の宿業であるそれと同じ無世界性・無目的性がこびりついていた。(34)

「境界線」(Grenze)という言葉に注意しよう。「世界」とは境界線によって囲い込まれた空間である。アーレントにとって記憶と法がともに「世界」の構成要素であるのは、それらの本質的機能が、すべての新しい始まりを一定の境界線の内部に「囲い込む」(einhegen)ことによって、「その中でのみ自由が現実化する空間を作ってやる」ことにあるからである。「実定法の境界線(boundaries)が人間の政治的存在にとってもつ意味は、記憶(memory)が人間の歴史的存在にとってもつ意味と同じである。それは共通世界が事前に存在していたこと、各世代の生存期間を超え、すべての新しい源泉(始まり)を吸収し、それによって維持されるある持続が現実に存在することを保証するのだ[35]」。

法の境界線によって囲い込まれた「共通世界」。アーレントが依拠するのはまたしてもギリシャの記憶である。ギリシャ・ポリスにおける法(nomos)の原義が「境界線」であり、具体的には「人びとを他人と隔てる壁」であったことを、彼女はたびたび喚起している。そして、ポリス(polis)の原義も実は「輪状の壁」であったように、自由の空間としての都市国家、この最も典型的な「共通世界」そのものが、この城壁＝境界線による「囲い込み」なしにはありえなかったというのである。「ポリスの城壁と法律の境界線は、あたかもすでに存在していた公的空間の周りに作られたかのようである。しかしもちろん、実際はこの公的空間も、城壁や法律のような安定した保護物がなければ、活動と言論が続いている瞬間だけしか存続できないのである[36]」。そこでこういうことになる。「公的領域のなかには境界線が引かれており、人間的に意味のあるいかなる活動もこの線を踏み越えてはならない」。「すべての文明はこの警告を聞き流し、この境界線を越えようとする傾向を示してきた」が、その結果は「化石化という周知の形で滅びるか、さもなければ、その文明がもはや同化しえない野蛮人部族によって踏みにじられ、野蛮人が新しい支配を打ち立てるかであった[37]」。

ブーア人がアフリカ的存在に「同化」することによって拒否したのは、まさに「境界線そのもの」であった、とアーレントは言う。そしてそのことを、ブーア人における「故郷」(Heimat)の喪失と結びつける。ブーア人がたえずトレック(移住)をくり返し、「境界線で区切られた一定のアフリカの領土」を「故郷」とすることがなかったのは、「一定の土地との結びつき、一民族が政治体として構成する patria〔祖国〕との結びつき」を彼らが捨ててしまったからだという。要するに、「patria に対する無理解、土地との結びつきの真の欠如」が「真の人種」の特徴であり、「定住すること」(Ansiedlung)は「民族」に属する、というわけだ[38]。「汝らのゆくところ汝らがポリスなり」というギリシャの植民活動の合言葉も、「定住」そのものを否定しているわけではない。「故郷」を失っても新たな「故郷」が見出せればよいのだが、この新たな「故郷」はやはり境界線で区切られた「一定の土地」であるだろう。

アーレントの「政治」思想の中心的諸概念、「世界」「共通世界」「故郷」「法」「記憶」「事蹟」といった概念が、「政治」の概念そのものとともに、アフリカを「暗黒大陸」と見、アフリカ人を「人間的世界」をもたないヒト、「ほとんど動物的な存在」と見る彼女の「人種」観、「民族」と「未開部族」との本質的区別などと不可分に結びついていることはすでに明白だろう。彼女の現代社会批判を可能にしている「無世界性」「故郷喪失」「根無し草的性格」(Wurzellosigkeit)といった観念も、ここではすべて「真の人種」を表象する装置として機能している。「国民国家の終焉と人権の終焉」の節で彼女が提起した「諸権利をもつ権利[39]」も、「人間によって築かれ、人間の技によって考え出された世界への参画」として、また「諸民族の家族」としての「人類」に属する権利として定義されているかぎり、以上のようなアフリカ原住民の排除を正確にその裏面とし、この排除と完全に調和していると言わざるをえないだろう。

3　法としての記憶、暴力の記憶と記憶の暴力

以上から出てくる帰結は、その全体をにわかには見通しがたい。ここではとりあえず、〈記憶〉に関して次の点を見ておこう。すなわちアーレントの〈記憶〉は、「法」としての記憶、「壁」としての記憶、「境界線」としての記憶だということである。この記憶は人間の「歴史的存在」に対して、法が「政治的存在」に対して果たす役割と同じ役割を果たすと彼女は言っていた。だが、これは何を意味するのか。

アーレントの〈記憶〉は、ある人間が属する「共通世界」や「政治的」共同体を「歴史的」に見たときに、その歴史性を他の共通世界や他の政治的共同体の歴史性から区別し、また、あらゆる共通世界と政治的共同体の外部の無歴史性から区別する「境界線」を形成する(「人びとを他人から隔てる壁」)。それは本質的に、「すべての新しい始まり」の舞台となる共通世界と政治的共同体の「持続」を保証し、それに「永続性」を与えるための「保護物」であり、共通世界と政治的共同体の存立そのものを問い直すような記憶ではない。政治的共同体自身の「始まり」の記憶、つまり「創設」の活動の記憶——ローマの創設、アメリカ共和政の創設など——が特権化され、それ以後に生じる「すべての新しい始まり」に「踏み越えてはならない」境界線(Grenze)を、つまり限界(Grenze)を指定する。アーレントの〈記憶〉は内部の記憶、自己の記憶、アイデンティティを作り出す記憶なのだ。事蹟＝偉業(Tat, deed)——「偉大な言葉と偉大な行為」(ホメロス)——の記憶が範例化されるのも納得がいく。共通世界の外にあるすべての出来事、政治的共同体の創設とともに《闇の奥》に退くすべての出来事は、原則として記憶の外に置かれる。

白人民族が周囲の黒人部族に同化してしまったことを最も明白に示す証拠は、ヨーロッパ人がアフリカで行なった怖るべき殺戮が、いわばアフリカ大陸自体の伝統に何の困難もなく適合していることだといえよう。敵対部族の根絶は大昔からアフリカ原住民戦争の掟だった。真の人種組織体の内部で起こるあらゆる事件にとっての宿命ともいえる怖るべき虚しさは、たとえ一酋長が多数の部族を彼の指導のもとに統合組織することに成功した場合であっても強まりこそすれ変わりはしない。一九世紀の初めにズールー諸族を統一して規律と戦闘力のある軍隊に仕立てたチャカ王にしても、そのことによってズールー民族（Volk）をも、ズールー国民（Nation）をも創りはしなかった。彼の成し遂げたことといえば、百万人以上もの敵対部族あるいは弱小部族の人間を根絶したことだけだった。訓練と組織的軍事行動は制しがたい自然による人間の絶滅を早めこそすれ、人間がそのなかで生きうる一つの世界を築くことはけっしてできない。それらのもつ唯一の力は絶滅（Vernichtung）の力である以上、それらはその仕事によってみずからの手を喜ばすことしかできない。しかし、絶滅自体はたちまち幻影的様相を帯びはじめる。なぜなら絶滅は、人間が記憶し何らかの永続性をもちうる世界には属さないからである。(40)

驚くべき転倒である。アーレントはここで、まるですべての悪はアフリカから来るとでもいうように、「ヨーロッパ人がアフリカで行なった怖るべき殺戮」――アフリカ原住民を犠牲者とする殺戮――を、本来のヨーロッパ人がではなく、アフリカ化したヨーロッパ人が行なった殺戮、ヨーロッパ人がアフリカの「伝統」に「同化」したために起こった殺戮として示している。ヨーロッパ人がヨーロッパ人としてではなく、アフリカ人として行なった殺戮だと言う。これではしかし、この殺戮はアフリカ人がやったと言うのと同じことではないか。「ブーア人によるホッテントット族の根絶、ドイツ領東アフリカでのカール・ペータースによる凄まじい殺人、ベルギー国王による平和なコンゴ住民の大量虐殺[41]」などが、これでは「アフリカ大陸自体の伝統」に従ったまでだということになってしまう。アーレントによれば「人口希薄で独自の文化も歴史ももたないままヨーロッパの手に落ちた」二つの大陸、アメリカ大陸とオーストラリア大陸での「原住民の根絶[42]」も、本来ヨーロッパ人の行為ではなかったことになってしまうだろう。

そしてアーレントにとって、これらの「絶滅」行為は記憶されるに価しない。それらは共通世界の外部にあり、「人間が記憶し何らかの永続性をもちうる世界には属さない」。「絶滅」はあらゆる「人間的世界」の外に、「壁」の、「境界線」の、「法」の外にあるから、〈法としての記憶〉の対象にはならないのである。「絶滅」の記憶はアーレントの〈記憶〉の概念には属さない。したがって、逆説的なことだが、ユダヤ人「絶滅」(Vernichtung)の記憶も例外ではない。法としての記憶は原則として、法の破壊、法の絶滅には向かわない。共通世界と政治的共同体の記憶は、共通世界と政治的共同体の破壊、それらの絶滅には向かわない。思い切ってこう言うこともできよう。アーレントの〈記憶〉の概念は、厳密にいえば、暴力の記憶を排除している、と。アーレントにとって暴力は、「厳密にいえば」「政治の領域の外部」にある。人間は政治的存在であるかぎり、ゾーオン・ロゴン・エコン、つまり言葉を与えられた存在であり、暴力は言葉を発する能力をもたないから、「前政治的」で「ポリスの外部の生活に固有のもの」である[43]。つまり暴力は、壁の外、境界線の外、法の外のものなのだ。戦争と革命でさえ、「ともに暴力が支配的な役割を果たしているかぎり」「厳密にいえば政治の領域の外部で起こっている」ということになる。[44]暴力が法の外部を意味するなら、法としての記憶は暴力の記憶ではありえない。暴力批判を根本モチーフの一つとするアーレントの「政治」思想は、暴力を政治の外部とし、記憶を政治の記憶とするかぎり、暴力の記憶を原理的に排除せざるをえないのだ。彼女の想起が奴隷制の「根源的暴力」[45]よりはポリスの自由を謳い、北アメリカの植民地化と「原住民の根絶」よりはアメリカ革命の「栄光」に向かうのも、けっして偶然ではない。この記憶はまた、「公的空間」と「私的領域」の周知の分割に従って、「私的領域」の暗闇に押し込まれたあらゆる暴力の記憶、たとえば性的暴力の記憶を排除せざるをえないだろう。

法としての記憶はまた、法の外部に想定された暴力のみならず、法そのものの暴力、壁と境界線そのものの暴力をも視野から遠ざけている。法と境界線に関するこのアーレントの記述、「人間」の生きる法的世界——本質的にヨーロッパ的な世界——と「怖るべき殺戮」の支配する「無法状態」——本質的にアフリカ的な世界——を対立させるアーレントの記述が、南アフリカをめぐって一九五八年に公にされていることを想起しよう。南アフリカ連邦はこの頃には、ほぼ完全な「法的」人種主義国家としての体制を整えていた。この国の「公的空間」は「文明」と「法」の名において、まさに「踏み越えてはならない」無数の「壁」と「境界線」——アパルトヘイト（分離、隔離）——によって European mankind に留保され、アフリカ原住民を外部に放逐していた。二年後には、記憶さるべき〈シャープビルの虐殺〉が「法」の側から引き起こされる。もちろんこれは、「法」そのものの暴力を顕示する最も象徴的な例の一つにすぎない。「ブーア人のなかにはおそらく今日もなお、彼らの父祖たちを野蛮状態に逆もどりさせる原因になった最初の身の毛のよだつ恐怖が生きているのであろう」とアーレントは、一九五八年に書いている。[46] まるでアパルトヘイトが「一片の真実」と「潔白さ」を含んでおり、「真の人種」への「正当な軽蔑」と「正当な恐怖」によって動機づけられている、とでもいうかのように。

「法」の外部の暴力と「法」そのものの暴力。このような暴力の記憶をさておいて、今日、《記憶》について語ることができるだろうか。暴力の記憶なしに暴力批判が可能だろうか。暴力の記憶を排除する記憶は、記憶の暴力と化すのではないか。

記憶しなければならないものは、「人間が記憶し何らかの永続性をもちうる世界」に属するとは限らない。最も切迫した記憶の要請は、むしろ別のところからやって来る。あらゆる暴力、「根絶」の暴力、「世界」の外部にある絶滅であれ「世界」そのものの絶滅であれ、一般に「絶滅」の暴力。「人間が記憶し何らかの永続性をもちうる世界」と呼ばれるものの創設自体が、すでに「根絶」の暴力を含んでいるかもしれない。「絶滅」の暴力の忘却、隠蔽によって自己を「法」たらしめているのかもしれない。「世界」そのものの暴力、「法」そのものの暴力、「壁」を作り「境界線」で「囲い」込むことそのものの暴力、「法」として働く記憶そのものの暴力をも〈記憶〉しなければならない。「人間が記憶しうる世界には属さない」ものの記憶、〈記憶しえないものの記憶〉をも追求しなければならないのだ。

4　記憶の地政学《ジエオポリテイーク》
――アジア、アフリカ分割、ヨーロッパの分割

以下では、記憶なき民、「真の人種」としてのアフリカ原住民の表象が、アーレントの言説のなかで形づくっている一種の地政学的配置に一瞥を与えておこう。

まずアジアについて。アーレントはやはり南アフリカの事例から出発して、アジアとアフリカの差異を次のように確認する。

南アフリカの現地の安い労働力の供給が一時的に滞ったときはいつでも、インド人や中国人が大量に輸入され、南アフリカの人種社会のなかでただちに土着の黒人と同等に扱われるようになった。こうしてアジア民族をアフリカ的水準に同化させたことの決定的な問題点は、今や実際に皮膚の色だけによって事が決まるようになったこと、そしてアジア人に対するヨーロッパ人の人種的傲慢が、野蛮な理解しがたい種族への恐怖が本源的な原因となっているという情状酌量の余地すらもたなかったことである。ここにはいかなる経験的基礎も存在しなかったゆえにこそ、帝国主義的人種観の本来の犯罪はアフリカ民族ではなくアジア民族の

扱いにおいて始まったのである。中国人やインド人はヨーロッパ民族によってつねに異民族と考えられてきたのであり、人種として受け取られたことはなかった。〔……〕人種概念はこアジアでは歴史的に確定しうる時点に、それまでの別種の観念を押しのけてその地位を奪ったのだから、アフリカでの人種概念よりもはるかに危険な、政治的にははじめからはるかに罪深い武器だったのである。(47)

「帝国主義的人種観の本来の犯罪(eigentliche Verbrechen)」が、「アフリカ民族ではなくアジア民族の扱いにおいて始まった」と言われるのはなぜか。「アフリカ民族」は実は「民族」ではなく「人種」であり、「真の人種」に対する人種主義は「経験的基礎」をもつため「情状酌量の余地」がある、つまりあの「一片の真実」と「潔白さ」を含むと考えられているからである。「異民族」を迫害することは「諸民族の家族」という「人類」の理念に反するから罪であるが、「野蛮な理解しがたい種族」はそもそも「民族」ではないから「人類」にも属さず、したがって彼らに対する人種主義は「本来の犯罪」ではない、というわけだ。「ヨーロッパ人がアフリカやオーストラリアではじめて原始的民族にぶつかったとき、人類成立についての聖書神話はきわめて深刻な試練に立たされた。彼らは、われわれが人間の理性とか人間的感情とか呼ぶものを明らかにまったくもち合わせず、原始的な文化さえ築いておらず、明確な民族的習慣の定めもなしに生き、その政治組織は動物の共同生活に見られる形態をほとんど越えていなかった」とアーレントは書いている。(48)「人類」の内と外との「境界線」はこの意味では「民族」と「人種」との「境界線」に一致し、またアジアとアフリカとの「境界線」に一致するのである。(49)

とはいえ、アジアとヨーロッパは同じではない。「民族」の世界のなかにも「境界線」は引かれており、それが European mankind とアジアとを隔てている。そこで、たとえば次のような断言が出てくる。

シオニズム運動は、反ユダヤ主義によって強い影響を受けていたので、いろいろな誤った解釈をもつに至ったが、そのなかでも、ユダヤ民族は非ヨーロッパ的性格をもつということの間違った観念こそ、おそらく最も広範に及ぶ最悪の結果をもたらしたものであろう。シオニストは、ヨーロッパ諸民族に不可欠の連帯——弱小民族のみならず強大民族にとっても不可欠な——を損なっただけではなく、信じられないことのようだが、ユダヤ人がいずれもつかもしれぬ唯一の文化的、歴史的郷土（Heimstätte）をも奪おうとしたのである。というのは、パレスチナと地中海全域とは、たとえ政治的な意味ではどの時代もとはいえないまでも、地理的、歴史的、文化的な意味ではつねにヨーロッパ大陸に属してきたからである。このように、ユダヤ民族はわれわれが一般に西洋文化と呼んでいるものの生成と発展に与って力あったにもかかわらず、シオニストは不当にもそれを反故にしようとしたのだといえる。実際、〔……〕アジアの一民族の歴史としてユダヤ史を解釈する試みが数多くなされてきた（この種の議論のばからしさは、ハンガリー民族の例を参考にするだけで明らかにされよう。ハンガリー人はアジア系だが、キリスト教を受容してからはつねにヨーロッパ系の民族と受け取られてきたからである[50])。

ユダヤ民族が「ヨーロッパに内属する民族」(innereuropäisches Volk)だということは、ユダヤ民族の「アジア」的性格の否定を明示的に伴うかどうかは別にして、アーレントの一貫した認識といってよい[51]。驚くべきは、「パレスチナと地中海全域」がヨーロッパに属するという主張である。サラセン帝国とオスマン・トルコの時代だけでも数百年に及ぶイスラム教支配の時代、この地域が「地理的、歴史的、文化的」には「つねに」ヨーロッパに属したなどということが、どうして可能なのか。一方で〈ハンガリー人については〉〈キリスト教ヨーロッパ〉の観念を前提にしながら、この〈キリスト教ヨーロッパ〉が「つねに」他者として敵視してきたイスラム世界を、どうしてヨーロッパに回収することができるのか。いずれにせよ、この主張から次の二点が確認できる。

第一に、ユダヤ民族とパレスチナがどちらもヨーロッパに属するなら、ユダヤ人とパレスチナ人の関係はヨーロッパ内部の関係となる。アーレントが追求したパレスチナの地での「ユダヤ、アラブ両民族の友好」は、ヨーロッパ系民族同士の友好であり、「ヨーロッパの連帯」の一部であることになるだけではない。ユダヤ人がパレスチナに「唯一の歴史的、文化的郷土」をもつことは、ヨーロッパ系民族がヨーロッパの一角に「独自の歴史の記憶」につながる故郷をもつという、もっぱらヨーロッパ内部の問題であることになるだろう。ユダヤ民族のヨーロッパ性を否定するシオニストは、ユダヤ民族からその「唯一の文化的、歴史的郷土」たるパレスチナを「奪おうとしている」と言うことによってアーレントは、単にパレスチナに対するユダヤ民族の「歴史的」権利を承認しているだけではない。パレスチナそのものをあらかじめヨーロッパ化してしまうことによって、他の記憶、他の歴史、他の文化をもつパレスチナ・アラブ人の声をかき消してしまっている。

第二に、アフリカの北と南への分割。「地中海世界全域」がヨーロッパであるならば、アフリカの北部海岸地域は当然そこに含まれ、この内海の風の及ばない「アフリカ暗黒大陸」と区別されることになる。北アフリカはアフリカといっても実はヨーロッパに属し、文明世界に、民族と「人間」と「人類」の世界に属するのであって、南アフリカこそ本来のアフリカ、文明世界の外部、《闇の奥》アフリカであり、ヒトであって「人間」でない「ほとんど動物的な存在」の世界、「諸民族の家族」としての「人類」に属さない「真の人種」の世界なのだ。では、なぜ北アフリカはヨーロッパなのか。「アラブ人の住む北部海岸地帯は古代からヨーロッパに知られ、さまざまな方法でヨーロッパに従属してきた」。また、「ヨーロッパ南部の諸民族は地中海を越えてアフリカ海岸に支配権を確立しようと幾度も試み、そのたびにキリスト教と海の向こうの隣人の回教との違いのために失敗を重ねてきたが、彼らの企てはつねにこの地域を本国の領土として直接に併合し、それによってヨーロッパの一部とすることをめざしており、植民地として扱い管理することは狙っていなかった[52]」。要するにアーレントによれば、北アフリカは古代からヨーロッパに「知られ」てきたから、ヨーロッパに「従属してきた」から、「ヨーロッパの一部」にしようとするヨーロッパの「企て」の対象であったから、したがって北アフリカはヨーロッパに属するのである。北アフリカはヨーロッパに従属してきたから、ヨーロッパに帰属する。それを「ヨーロッパの一部とする」ことをめざすヨーロッパの「企て」があるから、それを「ヨーロッパの一部と見る」ヨーロッパの「伝統」があるから、それは「ヨーロッパの一部」である。ここでアーレントは、完全にヨーロッパの意志に同一化し、ヨーロッパの視線をみずからの視線にしていると言わざるをえない[53]。

　ヨーロッパによるアフリカの分割。だがその逆に、アフリカによるヨーロッパの分割もある。それは、「真の人種」との距離、〈記憶なき民〉との距離に基づくナショナリズムの分割である。

　アーレントにとって国民国家（nation state, Nationalstaat）とそのナショナリズムは、けっして単に否定的なものではなく、帝国主義や人種主義との闘いにあってはむしろ抵抗の拠点であった。国民国家は古代の都市国家とともに、「生活の広い部分が公的問題の対象とされるようになった高度に発達した政治的共同体」であり、「本質的には法的な制度」であって、ナショナリズムもまた「法に従い、なかんずく法治国家によって保証された領土の限界を踏み越えることもしなかった」。「ネイションの前提をなすのは、自国の国境（Grenze）を越えたところからは別の国の法律が始まること、そして人類を形づくる諸国民の家族のなかでは、相互理解と協定が可能であり必要であるということである」[54]。国民国家もナショナリズムも、政治的共通世界を作り出すあの「壁」の不可侵性、「境界線」の不可侵性を認めており、文明世界に属している。まさにこの点にこそナショナリズムと帝国主義との「決定的対立」があり、人種主義が「ナショナルな政治の存在意義そのものを原理的に否定」するゆえんがある。「人種思想は最初からナショナルな性質の境界(Begrenzungen)を、地理的境界であれ、言語的境界であれ、あるいは伝統的慣習によって決まっていた境界であれ、完全に無視していた」[55]。アーレントにとって国民国家崩壊の歴史とは、これらすべての境界線を破壊しようとする運動との国民国家の「偉大」な「闘い」の歴史でもあったのである[56]。

ところで、この意味での国民国家とナショナリズムはしかし、実は「西欧」のものに限られる。つまり事実上、イギリスとフランス――後者が「典型的なネイション」(nation par excellence)――のそれなのである。ドイツ以東――「中欧」と「東欧」――のナショナリズムは、「種族的＝フェルキッシュ」(völkisch)と呼ばれて「真正」のものから区別され、西欧ナショナリズムの最悪の形態――ショーヴィニズム――よりさらに「傲岸」かつ「悪質」だとされる[57]。「種族的ナショナリズム」は、ドイツであれロシアであれ、ある民族の本質を「血」や「精神」など目に見えぬ神秘的要素によって規定するから、危険なほど人種主義に近づく。そして両者を区別するアーレントの議論では、またしても〈記憶〉の概念が重要な役割を果たすのである。

「種族的ナショナリズム」は、「歴史的に伝えられ記憶された業績（geschichtlich tradierte und erinnerte Leistung）にではなく、自分の種族（Stamm）の心理的肉体的特性に基盤を求める」。なぜかといえば、中東欧の民族が「西欧民族の国民的誇りと張り合おうとし始めるやいなや、彼らは自分たちには共同で耕し住みついた土地も国家も歴史的業績もなく、誇りうるのは自分自身だけ——すなわちせいぜいが言語（あたかも言語そのものが業績であるかのように）であって、悪くすればスラヴの、ゲルマンの、チェコの、あるいはその他もろもろの〈魂〉だけ——しかないことに気づいた」からである。たとえばドイツ思想史で、「血の絆」といった有機的歴史観が際立った役割を演じている「本質的原因」は、「全ヨーロッパが目のあたりにし記憶にまだ鮮やかに残っている統一フランス国民の輝かしい力に比肩しうる何か」を見つけ出そうとしても、「ドイツ語圏には統一的ネイションとしての記憶（ein nationales Gedächtnis）が形成されていない」という「政治的苦衷」にあった(58)。事蹟としての記憶、「業績」としての記憶、しかも「土地」と「国家」に結びついたそうした記憶の有無が、「真正」のナショナリズムを準人種主義である「種族的ナショナリズム」から区別する。狂信的ショーヴィニズムもほかならぬこの一点において、どんな人種妄想よりましなのである。「人種妄想と比較すれば極端なショーヴィニズムでさえ、自民族のものと定められた世界を共同で築き上げてきたというおよそ遺伝とは関係のない業績に対する誇りから生まれており、つねに国土自体がこの共同の業績の最高のシンボルとなっている(59)」。

中欧と東欧は「種族的ナショナリズム」が支配し、事蹟や業績として共通世界の歴史的「法」となる記憶が不在であるため、ヨーロッパであってもアフリカに近い。その地でアフリカと同じく、「人類の理念とユダヤ＝キリスト教的な人類共通起源の信仰」がいち早く「深刻な衝撃」に見舞われたのも不思議ではない、とアーレントは言う。「バルト海からアドリア海にまたがる人口過密のベルト地帯では、ヨーロッパ民族がアフリカで体験したような、人間の姿をした原始的部族への驚愕を味わうまでもなかった。ここでは〈高貴なる野蛮人〉とは人食い人種だったと発見するまでもなく、異なる血統の人間同士が互いにどれほど酷いことができるものかを知っていた[60]」。

以上見てきたように、アーレントの〈政治的なもの〉の概念とそれに伴う一連の地政学的テーゼはすべて、直接または間接に、記憶の闇アフリカ、記憶の《闇の奥》アフリカという表象に結びついている。「真の人種」アフリカ原住民というあの表象が、ブーア人やヨーロッパ人帝国主義者の妄想であるばかりか、アーレント自身の「人種妄想」でもあることは明らかである。アフリカ原住民がいかなる「独自の歴史の記憶」ももたず、いかなる「人間的世界」も築きえなかったなどとは、あらかじめ特定の「記憶」や「人間的世界」――この場合にはヨーロッパ的な「記憶」や「人間的世界」――を特権化するのでなければ、けっして言えることではない。アーレントがここで、他者の記憶、他者の歴史に対して驚くほど無感覚であることを否定することはできないだろう。
たとえば、ここにアーレントがけっして聞くことのなかったアフリカ原住民の声がある。彼女にとっては存在しないはずだった南アフリカの記憶、その証言である。

何年も前にさかのぼりますが、わたしが育ったトランスカイという村で少年だったわたしに、部族の長老は、白人がやってくる前の古き良き時代についてよく話をしてくれたものです。〔……〕この国の初期のアフリカ社会の構成や組織に、わたしは非常に魅力を感じ、わたしの政治的視野を広げるのに大きな影響を与えました。土地は、当時は主な生産手段でありましたが、部族全体のものであり、個人的な所有権というものもありませんでした。階級も、金持ちも貧乏人もなく、人間が人間を搾取することもありませんでした。人はみな自由で平等であり、これが統治の土台でありました。この一般原則が認められていることは、部族の問題をつかさどる、インビゾ、ピーツォ、クォートラなどの呼び名をもつ評議会の規則に明示されています。評議会は完全に民主的で、部族の全構成員が話し合いに参加することができました。首長と配下の者、戦士、祈禱師など、全員がこの評議会に加わり、その意志決定にかかわろうと努めました。この評議会はとても重みがあり、大きな影響力のある機関であったので、部族はこの機関にかけないかぎり、いかなる重要な措置も決めることができなかったのでした。

このような社会には未開の不確かな要素もたくさんあり、現代の要求についてゆけないのは確かです。しかし、このような社会には、奴隷や農奴として抑圧される者もいなくなり、貧乏、欠乏、不安定というものもなくなるような革命的民主主義の種子が内在しています。このようなものに鼓舞されて、今日においてさえ、わたしや仲間たちを政治闘争に駆り立てているのです。[61]

「ブーア人のなかにはおそらく今日もなお、彼らの父祖たちを野蛮状態に逆もどりさせる原因になった最初の身の毛のよだつ恐怖が生きているのであろう」とアーレントが書いてからわずか四年後、一九六二年に行なわれた裁判でのネルソン・マンデラの第一回法廷陳述の一節である。アーレントのものとはほとんど対極にある南アフリカの記憶、彼女が認めなかった別の「人間的世界」の記憶、別の「政治的なもの」の記憶がここにあることは確かだろう。もちろんこの記憶もすでに物語であり、「法廷陳述」でさえある。共同体の過去を美化する傾きがないとはいえないこの記憶の物語によって忘却されてしまったかもしれないもの、たとえば「白人がやってくる前の」暴力の記憶についても鈍感であってはなるまい。しかし同時に、この記憶はまさに南アフリカの共同体に内在した「革命的民主主義の種子」の記憶であることによって、いや、単に「人間的世界」の記憶であることによってだけでも、European mankind の「文明」と「法」の名による自己特権化を告発する。そしてまた、アーレントが自己と他者とのあいだに引いた最も根底的な「境界線」を脱構築するのである。

第三章

精神の傷は癒えない

ひとつもない
声たち――ひとつの
晩いざわめきが、時ならぬ時、おまえの
想いにさずけられる、ここで、はじめて
呼び起こされる――ひとつの
目の大きさの、深い
刻み目のある果葉、それが
脂をしたたらす、傷口は
癒えようとしない。

――パウル・ツェラン「声たち[1]」

1　死の記憶

映画『ショアー』の冒頭近く、ナチスによって四〇万人のユダヤ人が虐殺された絶滅収容所へウムノからのユダヤ人生還者の一人、モルデハイ・ポドフレブニク（P）がランズマン監督（L）のインタヴューに答える。

L――ヘウムノにいたとき、あなたのなかで死んだものは何ですか？

P――すべてが死にました。

すべてが死にましたが、でもやはり人間ですから、生きたいと思います。そのためには忘れなければならないのです。

心のなかに残ってしまったものも忘れられるというのは、神様のおかげです。

わざわざそれを話題にしてほしくありません。

L――話をするのはよいことだと思いませんか？

P――よくない。わたしには、よくありませんね。

L――じゃあ、それでも話すのはどういうわけです？

P——今は、そうせざるをえないから話しているんです。
たしかに、アイヒマン裁判の本はもらいました。
例の裁判で証人に立ったものですからね。
でもそれは、読みもしませんでした。

L——生者として生き延びてきましたか、それとも……？

P——現場にいたときは、死者としてあの出来事を生きてきました。
なぜって、生き残れるなんて思いもしませんでしたからね。
でも今は、こうして生きています。

L——話しながら、いつも微笑んでいますね。なぜですか？

P——どうしろ、とおっしゃるんです？ 泣けとでも？
微笑むときもあれば、泣くことだってありますよ。
でも生きている以上、
微笑むほうがましというものでは……。[2]

ポドフレブニクは生きているのか、死んでいるのか？
彼はみずから言う、ヘウムノでは自分のなかの「すべてが死にました」と。ヘウムノの現場を自分は生者として生き延びてきたのではなく、「死者としてあの出来事を生きてきました」と。

ポドフレブニクに起こったことは、精神的に死者とならずには経験できないことだったので、彼の「心のなかに残ってしまったもの」とは、その死の記憶以外の何ものでもない。

ポドフレブニクはしかし、ヘウムノ収容所最後の日々の激烈な粛清をもくぐり抜け、生命をながらえた。「人間」だからやはり「生きたい」と思うが、「そのためには」すべてを「忘れなければならない」。死の記憶を抱えたまま、「人間」として生きていくことはできない。ここでは記憶は死を、忘却は生を意味する。「記憶しなければならない」は死の掟、「忘れなければならない」が生の掟なのである。

だから、「心のなかに残ってしまったものも忘れられる」のは、「神様のおかげ」だとポドフレブニクは言う。ところが、現実には、すべてを忘れてしまうことなどけっしてできない。「生きている以上」「微笑むほうがまし」だから微笑むように努めているが、忘れてしまうことができないから「泣くことだって」当然ある。事実、次に登場するシーンでは、彼は泣きながら当時の屍体処理作業の実態を証言することになる。少しでも記憶が喚起されれば癒えない傷が疼くから、「わざわざそれを話題にしてほしくない」。それについて「話す」のは少しも「よくない」ことである。ヘウムノの経験の物語――もしこれをしもまだ物語（récit）と言えるとしたら――は、語り手ポドフレブニクにカタルシスを与えない。その「記憶の涙」（H・アーレント）もまた、カタルシスをもたらさない。それはいかにしても〝浄化〟しえない死の記憶なのであり、ただ耐え難い苦痛を与えるだけなのだ。

では、それでも話すのはなぜなのか。「そうせざるをえない」とき、「語る責務を負わされる」(bien obligé de parler)ときがあるからだ、と彼は言う。アイヒマン裁判で証言することを求められたとき、彼はその責務を果したが、その本をもらいながらみずから読もうとはしなかった。ランズマンに「歴史の記録を残す証言」(ヤン・カルスキ)[3]を求められたとき、彼は「そうせざるをえない」から、その責務を引き受ける。だが、「現場」の記憶を語り始めるやいなや、その表情は苦痛に歪み、涙を抑えることができない。ポドフレブニクは、歴史の前での責任を果たすために、「生きる」ためには「忘れなければならない」記憶を呼びさまさなければならないのだ。この記憶はいわば、そのつど精神的死者とならずには想起しえない記憶である。「いつまでも血を流し続ける傷口」(E・レヴィナス)[4]がそこにある。

2　赦しは可能か
——ヘーゲルと死者たち

「精神の傷は傷痕を残さずに癒える」とヘーゲルは言いきった。『精神現象学』第六章「精神」の最後、いわゆる「悪と赦し」の議論である。「意識の経験」の全過程が終局に近づき、「精神とは何であるか」についての認識が完成されようとするまさにそのとき、ヘーゲルは意識に最後の試練を課する。行為によって悪を犯した意識（良心）がみずからの非を認める告白をしたならば、裁く意識（良心）は善悪を超えてこの他者の存在をまるごと認め、「赦し」（Verzeihung）を与えるのでなければ普遍的な「相互承認」は成り立たない。自己と他者との対立を克服し、すべての否定的なものを贖う絶対肯定の言葉、「宥和＝和解の然り」（das versöhnende Ja）を発することができない。いいかえれば、悪を赦しうる「精神の威力」を認識することこそ「絶対精神」成立の最終条件なのである。

> 精神は、自分自身であるというその絶対の確信においては、すべての為されたことと現実とを超えた自由な主人であって、それらを投げ捨てて起こらなかったことにすること（ungeschehen machen）ができる。〔……〕精神の傷は傷痕を残さずに癒えるものである。為されたことは過ぎ行かぬものではなく、精神によって自分自身のなかに取り返される。行為の意図としてであれ、現存する否定性や制限としてであれ、為されたことの個別性の側面はただちに消滅していくのである。[5]

ヘーゲルのいう「精神」は、「われわれなるわれ、われなるわれわれ」（Ich, das Wir, und Wir, das Ich ist）として、人倫的共同体と個人、普遍者と個別者、全体と個を総合するだけではない。それは「あらゆる実在である」という理性の確信が「真理」にまで高められ、「自分自身を世界として、また世界を自分自身として意識している」ものである。(6) 精神の運動とはこの意味で世界の運動にほかならず、歴史そのものと一致することになる。「精神の傷は傷痕を残さずに癒える」という断言は、したがって同時に歴史哲学的テーゼである。いかなる取り返しのつかない行為も、いかなる赦しえない犯罪も歴史のなかには存在せず、あらゆる「否定性」の記憶――歴史の「傷痕」――は精神の力によって「消滅」させることができるというのが、ここに披瀝されている確信にほかならない。(7)

だが、はたしてそうだろうか。

たしかに赦しのもつ「威力」を認めないわけにはいかない。ある種の条件が満たされれば赦しは可能であり、多くの場合必要でさえあろう。これらの条件のうちで最も本質的なもののいくつかをヘーゲルは捉えている。すなわち、行為がすでに「法」に照らして評価され、裁かれていること。いいかえれば「悪」の、あるいは「傷」の認知。また「悪」を犯した意識がみずからの非を認め、改悛して、赦しを請うていること。すなわちヘーゲルのいう「告白」(Eingeständnis)である。

けれども、これらの条件はしばしば欠けることがあるだけではない。これらの条件はすべて、ある共通の根本条件が満たされなければ意味を失う。その根本条件こそ「生」である。「傷」を負わせた加害者と「傷」を負った被害者とがともに「生きている」こと、出来事を「生者として生き延びて」きて、なお「生きたい」と思っていることである。この条件が満たされなければ赦しは不可能であり、和解も宥和も成り立たない。和解や宥和は「生」の論理、「生者」の論理であり、「生きるため」の論理でさえある。そしてまさにそれゆえに、この論理によって歴史全体を覆うことはできないのだ。なぜなら歴史は、取り返しのつかない死の記憶、とりわけ無辜の犠牲者たちの死の記憶にはけっしてこと欠かないからである。「生者」は「生きるため」に死者たちを忘却し、死の記憶を「消滅」させ、起こったことを「起こらなかったこと」にして、歴史の「傷」が「傷痕を残さずに癒えた」というカタルシスを味わう。「生者」のあいだでは可能であり必要でさえある赦しや和解が、この場合には「生」の幻想であり、「忘却の政治」であり、「生者」による死者への暴力にほかならなくなるだろう。

ポドフレブニクが巻き込まれたショアー（ホロコースト）を考えてみよう。あの犯罪を赦すことができるだろうか。ショアーの被害者が加害者に「赦し」を与え、その傷が「傷痕を残さずに」癒え、両者のあいだに和解と宥和が成立するなどということがはたしてありうるだろうか。あの出来事を「起こらなかったこと」にし、その「意図」や「否定性」の記憶を「消滅」させ、「精神の威力」を誇るなどということが許されるだろうか。

ポドフレブニクは、ヘウムノで彼のなかの「すべて」が死んだと言う。生きるためにはこの死の記憶を忘れ、精神の傷を癒やさなければならないが、この記憶は彼にとり憑いて止むことがなく、この傷を「傷痕を残さずに」癒すことはとうていできないように見える。傷が深すぎるからである。傷が深すぎる場合、被害者が加害者に赦しを与える「精神の威力」そのもの、「主体性」

そのものが破壊されるほど深かった場合には、もはや赦しは困難である。そうだとすれば、ヘーゲル的「精神」がその「威力」を誇ることができるのは、それが癒しうる傷しか知らず、「消滅」させうる「否定性」しか知らず、「取り返し」のつく不正しか知らず、深すぎる傷を負った「個別性」をまさに忘却してしまっているからではないか。

レヴィナスの次の議論は、ヘーゲル的な「赦し」の論理の盲点をほとんど直接に突いているように思われる。

> 親密な社会に結びつき、自分の行為が係わっていた唯一無二の自由を前にしていたときは、わたしは対話を通じてみずからの行為の赦し（pardon）を手にすることができた。〔……〕おのれの過去を忘却し、自己を刷新しうる反面、行為によって取り返しのつかないことをしでかした自我は、自由に対するこの究極的障害から赦しによって解放されていたのだ。というのも、行為の唯一の犠牲者がこの行為を忘れることに同意した、あるいは同意しえたからである。放免された自我は再び絶対者と化す。しかし、暴力を被った犠牲者がこの暴力を抹消しうるとすれば、これは本来の意味での暴力とは言えない。この暴力はそれによって攻撃された自由に食い込まない。というのもこの自由は、ほとんど神的なと言ってもよいような自由として、赦しを与えうるその権能（pouvoir）を無傷のままに保持しているからである。〔……〕正義と不正はある自由に対してふるわれた暴力、つまり現実の傷を前提としているの

である。(8)

たしかにポドフレブニクは、それでもなお生きているし、「生きたい」と思っている。そのかぎり、彼の負った傷を必ず跡形もなく癒しうるとはけっして言えないのと同様、絶対に癒すことはできないともあらかじめ言いきることはできない。結果として癒されないまま終わるか、何らかの癒しが奇跡のようにやって来るかは別として、被害者の傷についてはあくまで癒そうとする努力が必要であり、傷が深ければ深いほどますます必要だとさえ言えるかもしれない。「生きているかぎり、人間にはつねに希望が残っている」(アウシュヴィッツのユダヤ人特務班の生き残り、フィリップ・ミュラー(9))。生者の論理はまた「希望」の論理でもある。ショアー(ホロコースト)の傷でさえ、生者のあいだでなら絶対に癒しえないとは言いきれず、出来事を「起こらなかったことにする」のではなくその記憶を維持した上で、困難な癒しをそれでもなお追求し続ける必要があるだろう。

だが、死者はちがう。ただユダヤ人に生まれたという〝理由〟だけで、したがって実はいかなる理由もなく「生きるに値しない者」とされ、あらゆる辱めを受けながら抹殺された五百万、六百万の死者たちに、癒しはけっしてありえない。死者たちが抹殺者たちを赦すことも不可能であり、この抹殺行為は永遠に「取り返し」がつかないままにとどまる。この場合、加害者と被害者との和解や宥和は厳密な意味で不可能なのだ。

ショアー（ホロコースト）の場合、多くの抹殺者が自分の罪を認めることなく死んでいった。したがって、ヘーゲルのいう「告白」の条件はすでに満たされえないが、しかしそれだけではない。五百万、六百万の無辜の死については「行為の唯一の犠牲者」が、「赦しを与えうる権能」そのものが初めから失われてしまったのである。生き残った被害者が赦しうるのは本来自分についてだけ、自分が負った傷についてだけである。ある将軍の気まぐれから眼前で愛児を惨殺された母親でさえ、赦すことができるのはただ自分の受けた苦しみについてだけで、幼児の受けた不正については殺された幼児以外の何びともこれを赦す権利をもたない（イワン・カラマーゾフ）[10]。死者たちの受けた不正を生き残りが代わって赦すことはできない。生き残りはそれを記憶し、死者たちに代わって証言することができるにすぎない。

しかし、イワンの挑戦に対しては、アリョーシャが答えたのではなかったか。「すべてのことに対して、すべての人を赦すことができる」人がただ一人だけいる。「すべての人に代わって、自分で自分の無辜の血を流した」人、イエス・キリストこそその人だ、と。そしてヘーゲルもまた、究極的にはこのキリストの死に訴えて「赦し」を説くのではなかったか。

すでに道徳性において、また宗教の領域においてはなおさら、精神は自由なものとして、それ自身において肯定的なものとして知られている。したがって、各人にあって悪にまでつながっていく制限は、精神の無限性にとっては無にも等しいものなのだ。精神は起こったことを起こらなかったことにすることができる(Der Geist kann das Geschehene ungeschehen machen)。行為はたしかに記憶(Erinnerung)のなかに残るけれども、精神はそれを除き去る。〔……〕精神の真の意識にとっては、キリストの死のなかで人間の有限性が殺される。こうしてこの自然的なものの死が普遍的な意味をもつ。すなわち有限なもの、悪一般が絶滅される(vernichtet)。世界はこうして宥和されるのである。(11)

キリストの死が意味するのは、まさに「神は死んだ」(Gott ist tot.)ということ、「神のうちにさえ否定が存在する」ということである。それは「最も怖るべき思想」であり、「最高の苦痛」と「まったく救いがないという感情」がそこには結びついている。けれどもヘーゲルによれば、この神の死は同時に「神が自分に疎遠なものを殺すためにそれと同一化した」ことであり、したがって「絶対的な両極の法外な統一」として「無限の愛」にほかならない。キリストの「汚辱にまみれた死」の真理は、「無限の愛」としての「赦し」である。それは、あらゆる否定的なものの否定(「否定の否定」)であり、あらゆる死を殺すこと(「死の死」)であって、これによってはじめて「悪一般」が「絶滅」され、「世界」が「宥和」される。「キリストが世界の罪を贖った」のである。(12)

これはしかし、キリストの死によってあらかじめ世界は宥和され、贖われているということだろうか。キリストの死以後に犯されるすべての悪(「悪一般」)がアプリオリに赦されているということなのか。もしそうだとすれば、レヴィナスとともに、「無限の赦しの可能性は無限の悪を招来する」[13]と言わざるをえないだろう。いかなる悪も最終的に赦されることが予定されているのみならず、つねにすでに赦されてしまっている世界では、あらゆる悪が猖獗を極めるだろう。ヘーゲルもそんな世界を望んでいたわけではあるまい。彼はただ、人が行為の結果に囚われて自由を失い、それ以上の生の可能性を殺してしまうことを批判し、善悪、正不正の対立を超えて人間存在そのものを承認する「威力」が「精神」には備わっていること、そして、キリストの死による贖いというキリスト教の教えに、この「精神」の真理が表現されていることを主張しようとしたのだろう。

まさにその点に、ヘーゲル的「赦し」が「生」の論理にほかならないゆえんが示されている。若きヘーゲルが『キリスト教の精神とその運命』で、はじめて「愛」による「赦し」の思想を展開したとき、それは文字通り、あらゆる傷を癒して自己を回復する「生」(Leben)の力を根拠としていた。「生というものは自分の傷を再び癒し、分離した敵対する生を再び自分のなかに取り返し、犯罪が作り出した律法と罰とを廃棄＝止揚(aufheben)することができる」[14]。「生」が「精神」へと発展しても、「赦し」が依然として「死に耐え、死のただなかで自己を維持する」「精神の生」(Leben des Geistes)の論理であり、死を「超えて生きる＝生き延びる」(Überleben)「精神の生」の論理であることに変わりはない[15]。それはつねに生き残りの存在を基礎として、生き残りえなかった者たちの死を全体的「生」へと回収しようと欲する。つまりそれは、「超えて生きる」ことのできない死を知らない。「取り返し」のつかない否定性を知らない。癒しえない傷を、「いつまでも血を流し続ける傷口」を、「永遠の出血」[16]（éternelle hémorragie）を知らないのである。

神の赦しについては、人間が人間に対して行なった取り返しのつかない犯罪は神でさえこれを赦すことはできない、と言うべきだろう。再びレヴィナスを援用しよう。「全宇宙を創造し支える神も、人間が人間に対して犯す犯罪を引き受けたり、赦したりすることはできない」。「何びとも、神でさえ犠牲者にとって代わることはできない」[17]。犠牲者の負った「現実の傷」が死であるとき、赦す権利をもつ「行為の唯一の犠牲者」がはじめから死者であるとき、加害者は赦しを得ることができないが、だからといって神がこれを赦すなら、つまり「起こったことを起こらなかったことに」し、死者たちの被った悪や不正を何ものでもないもの、「無にも等しいもの」にし、「記憶」のなかから「除き去」ってしまうなら、それは神による歴史の改竄、神のレヴィジョニズム（歴史修正主義）だと言わざるをえないだろう[18]。

問題が深刻化するのは、キリスト教的反ユダヤ主義による迫害の犠牲についてである。〝キリスト殺しの下手人〟の汚名を着せてユダヤ人を虐殺した行為がキリストの名において赦される、その傷がキリストの死によって贖われるとしたら不条理だろう。そのように考えることは、むしろ迫害の完成（〝ユダヤ的なもの〟のキリスト教への回収ないし解消）にほかならない。ヘーゲルの「赦し」の弁証法も、この点で困難を抱えている。なぜならそれは、ユダヤ人迫害を主張したり直接に帰結したりするものではけっしてないとしても、ユダヤ教のキリスト教への止揚の論理を明確に含んでいるからである。『キリスト教の精神とその運命』では、「愛による有和」は「ユダヤ精神の反対物」で、ユダヤ人にとっては「まったく不可解な」「狂人の思想」でなければならなかったとされる。イエスが生きた世界は、すべてが律法という「死の掟」の下にあり、「人々がユダヤ的なものの暴力の下に囚われていた」世界である。ユダヤ民族が「今日なお当面している」「悲惨な状態」は「彼らの元来の運命の帰結と発展」にほかならず、彼らは「愛による有和」を受け入れないかぎり、「この運命によって虐待されるであろう」[19]。『精神現象学』でも、赦しを拒み善悪の判断に固執する「評価する良心」は、「頑なな心」や「強きうなじ」といったユダヤ人ないしパリサイ派を暗示する表現で呼ばれる。精神の傷が癒えるためには、この「頑なな心が砕け散ること」こそ必要なのである[20]。

ヘーゲルにとっても実は、赦すことのできない罪が一つだけあるのではないか。「キリストもこう言っている。人間のあらゆる罪は赦されるが、ただ精神に反する罪(die Sünde gegen den Geist)だけは赦されない」[21]。ヘーゲルにとっても実は、「精神に反する罪」つまり、すべてを赦しうる「精神の威力」を認めない罪だけは赦されないのではないか。「世界の贖いは存在しない」[22](レヴィナス)と考えること、赦しえない犯罪があると考えることは、赦されないのではないか。ユダヤ人であることが「頑なな心」を、つまり律法と正不正の判断への固執を意味するならば、極言すれば、ユダヤ人であることさえ赦されないのではないか。ユダヤ人を止揚されるべき存在と見る「赦し」の思想は、ユダヤ人であることを理由に迫害された人々の傷を、いかにして「傷痕を残さずに」癒すことができるのか。

3　証言の生

生き残りは死者たちの受けた不正を、死者たちに代わって赦す権利をもたない。生き残りはそれを記憶し、死者たちに代わって証言することができるにすぎない。

『ショアー』の第二部、アウシュヴィッツのユダヤ人特務班の一人で五度の抹殺を生き延びたミュラー(M)の記憶と証言は、そのことの意味をまざまざと開示している。二〇歳のときから二年間、ユダヤ人のガス殺と屍体焼却に強制的に協力させられた彼は、「来る日も来る日も目の前で罪のない人たちが一日何千となく煙となって消えていく」「地獄」[23]のありさまを静かに語りつづけるが、一瞬言葉に詰まり、泣き崩れて撮影中止を求めた後、立ち直って続ける。

M――そのとき、わたしは悟ったのです。
わたしの生命にはもう何の価値もない、と。
生きていて、いったい何になるのか?

何のために生きるんだ？
そこでわたしは、あの人たちといっしょにガス室に入ったのです。
死ぬことに決めたのです、あの人たちといっしょに。
〔……〕
一群の女性が近寄ってきました。
わたしを見つめると、こう言いました。
「ここはもう、ガス室の中でしょ？」
L——もう、その中にいたのですか？
M——ガス室の中です。
すると、女性の一人はなおも言いました。
「じゃあ、あなたも死のうというのね？
でも無意味よ。
あなたが死んだからって、わたしたちの生命が生き返るわけじゃない。
意味のある行為じゃないわ。
ここから出なきゃだめよ。
わたしたちのなめた苦しみを、
わたしたちの受けた不正を、

このことを、あなたは証言してくれるべきなのです」[24]（強調は原文）。

ミュラーの奇跡の生還によってはじめてわれわれのもとに届いた一人の女性の微かな声。顔も名前も知れず、ただミュラーと「同郷」（チェコ）のユダヤ人女性であるという以外、〈だれ〉であるかを明かすどんな〝身元保証〟もない声。あるかなきか、聞こえるか聞こえないかのあまりにも遠い声。この声はわれわれの時代、大量殺戮の時代である現代の〈記憶〉と〈証言〉が、いかに根底から脅かされているかを伝えている。

この声を通して、「一つもない声たち」（P・ツェラン）を聞くことができるだろうか。完全な沈黙を強いられる直前でかろうじて生き延びたこの声を通して、完全な沈黙を強いられた死者たちの声を聞くことができるだろうか。もちろんこの女性の声は、死者たちの声を十全に代表＝再現前化（represent）するものではありえない。にもかかわらず、それはすでに死者たちに代わっての声でもある。「わたしの」ではなく、「わたしたちのなめた苦しみ」と「わたしたちの受けた不正」の「証言」を求める声なのだ[25]。

ランズマンが言うように、『ショアー』は「生き残りについての映画ではなく死者たちについての映画だ[26]」とすれば、それはこの映画に登場する生き残りユダヤ人たちの証言が、いずれも〈死者たちに代わっての証言〉であることを意識しているからだろう。大量殺戮の時代の最も深い闇の一つ、アウシュヴィッツのガス室。ニヒリズム(「生きていて、いったい何になるんだ？」)の最も苛酷な経験のなかから生還してきたミュラーの生は、ひとえに死者たちに代わって証言するための生となった。ミュラーが生き延びたこと、彼のこの〈死を超えて生きること〉(Überleben)によって、あの死者たちの受けた「苦しみ」や「不正」が贖われたわけではない。この〈死を超えて生きること〉は、「起こったことを起こらなかったことにする」ことによってショアーを赦したり、忘却したりするためにではなく、逆に、それが赦しえない犯罪であることを証言するためのものなのである。

大小さまざまなショアーがあったし、これからもあるだろう。無数の災厄、無数の「絶滅」があったし、これからもあるだろう。世界の贖いは存在しない。歴史の傷、精神の傷は癒えない。世界の贖いがある、精神の傷が癒えると信じることは、死(者)の記憶を忘れるのでないかぎり不可能だ。

たしかに、生者のあいだには「希望」が残る。死(者)の記憶を保持し、死者に代わって証言しつつ、生の「希望」を育むよりほかに途はない。

第四章

満身創痍の証人

〈彼女たち〉からレヴィナスへ

だれも証人に代わっては証言しない。

――パウル・ツェラン「灰の栄光」

1　瀕死の〈記憶〉

――一番上の字はアアというんですね。口偏に心、意志の意という字が略してあるんですけれども。口へつっかえて、心が外へ出ない……唸っているわけですね。それをひとつ書いて、そして〝従軍慰安婦〟と。この中には、六〇パーセント以上、韓国の人が含まれているわけですね。

――はい。

――それを私はね、誰も言い出さない。……もう仕方がない。私が日本男子を代表して、あなたの国に本当に悪いことをしましたと、もう今からどうしようもありませんけれども、どうぞ赦してくださいという、謝罪の気持ちをこれは表わしているんですね。

――はい。

――本当に、われわれの仲間がばかなことをしたもんだと……。今からでも償う方法があったら、国家は賠償したらいいと、言ってるんですけど……。もう、誰も見つからないんですね。

――ええ。

――日本でも、〝従軍慰安婦〟であった人っていうのは名乗って出てこない。韓国の人も、私がそうでしたと言って、私は探しているんですけど出てこない。

――はい。

――あなた知ってますか。

――知らないものですから、今、その足跡を探してもらいたいと思うんですね。そしてその……もしあったら、もう相当のお歳でしょうけれども、本当にお詫びをしなきゃいけない。それから、そういうことを知ってる人。たとえば「私の婚約者が連れていかれた」とかね、自分のお姉さんが連れていかれたとか、そういう記憶のある人あると思うんですよ。私はそういうものをね、やっぱり黙っていてはいけない、というのが私の主張です。

――でもね。あのう……わが国の戦争じゃなくて、他の国の戦争でね、連れていかれた韓国の、朝鮮の人のために、個人的にどう思いますか。

――もうねえ、〝従軍慰安婦〟ということが非常にばかなことです。要りもしないものを要ると考えた指導者たちがまちがっているし、それを使った人たちもまちがっている。が、それはまだね、自分の国の女性を連れてってね、云々ということならば、仕方がないと言っても言えると思うんですが、隣のね、しかもその……全然男性を知らない若い娘をたくさん騙して連れていって、そして捨ててきたんですね。

――はい。

――帰ってこないんです。……何とかお詫びしなきゃいけないと思いますね。償う方法があるかないか、どうしたらいいか、教えてください。

千葉県館山市郊外の丘の上に立つ「従軍慰安婦」慰霊碑。「悪夢にうなされて夜がくるのが怖い」という日本人元「慰安婦」ヒロタ・スズコの訴えを聞き、一九八五年にみずからこの碑を建立したフカツ・フミオ牧師が、韓国人クォン・ヒョンジュとともに碑の前にたたずみ、〈戦争の記憶〉を問いかける。韓国KBS放送製作のドキュメンタリー『太平洋戦争の魂――従軍慰安婦』の最後の一こまである。

戦後四半世紀以上にわたって、この記憶は歴史の表面からほぼ完全に消し去られていた。朝鮮半島出身者だけでも八万から二〇万といわれる膨大な被害者を出した戦争犯罪が、日本はもとよりすべての関係諸国において公の場で語られることはほとんどなく、大多数の一般市民の〈戦争の記憶〉からも完全に脱落していた。もしこの事態を可能にしていた諸要素があくまで変わらなかったら、この忘却はほどなくして完成されていただろう。すべての被害者の死、そして彼女らの被害を知るすべての人々の死とともに、忘却自体が忘却され、巨大な不正とその傷は、一種の「忘却の穴」のなかに永久に呑み込まれてしまっていただろう。(1)

七〇年代に入り、日本や韓国ではこの問題に関するいくつかの書物が出版される。だがそのことは、「公的」歴史からのこの記憶の消失という基本的状況をいささかも変えるものではなかった。国家間の賠償交渉でも、公教育でも、公共放送・マスメディアでも、その他さまざまな「国民的記憶」の組織化においても、この出来事はかつて一度も存在しなかったも同然であった。この状況を少しでも変え、「公的」歴史の傲然たる無関心に風穴を開けることができるためには、国家と社会の共犯による「忘却の政治」を身をもって暴き出すような生きた証人が、生きた記憶の証言が必要だったのであるが、八五年にフカツ牧師が慰霊碑を建てた時点でも、その後のクォン・ヒョンジュとの対話の時点でも、日本でもその他の国でも、「〝従軍慰安婦〟であった人っていうのは名乗って出てこない」。みずから証言しようとする者は「誰も見つからない」という状態が続いた。周知のとおり、「いつかはこれを日本に訴えなければならないと思っていた」韓国人元「慰安婦」キム・ハクスンが口火を切り、その後アジア各地で元「慰安婦」たちが次々に名乗り出てきたのは、戦後ほぼ半世紀、一九九一年八月以降のことである。

家の中でじっと座っていると、昔のことを思い出します。新聞で「慰安婦」のことが出ているのを読んで、どれほど泣いたかわかりません。「慰安婦」をさせられたということはいつも胸の中にあったので、いつかはこれを日本に訴えなければならないと思っていました。〔……〕私の人生がこんなになったのは日本のせいです。日本は私たちに補償をして、このことを歴史に残さなければなりません。今の日本や韓国の若者は、こんなことがあったことを知らないので、事実を教えてあげなくてはいけないと思っています(2)(キム・ハクスン)。

数年前から、いつかはだれかに言わなければ「慰安婦」のことは忘れられてしまうし、子どもたちも知らないままになってしまうと思っていました。そしたら一九九二年に、日本の「従軍慰安婦」への態度にショックを受けたのです。これではいけないと思い、自分から電話して新聞記者を呼びました。〔……〕私の話で日本人に反省をさせたいのです。涙を流すだけでなく事実を知らせることが大事なのです。再びこういうことがないように、私の体験を知らせるのが人生最後の仕事だと思います[3](イ・クイブン)。

一九九二年の六月、隣の家のお婆さんと見ていたテレビが、「日本の雑誌には朝鮮人慰安婦はお金のために日本軍について行ったとしている」と放送したのです。私は、それを聞いて思わず「何をこのやろう」と叫んでしまい、その家のお婆さんが「どうしたの」と聞きました。このことで、私はこうして名乗り出ることになったのです[4](キム・デイル)。

二〇万人を超えるかもしれないという女性たちの性の破壊。そして性の破壊による「人間」の破壊。被害者たちの多くは、すでに戦場でその存在を抹殺され、生き残った者の多くも、破壊された心身を抱えて「惨憺たる戦後」に斃れた。今日かろうじて「公的空間」に現われ始めたわずかの証人たちもまた満身創痍であり、「明日か明後日には土にかえるかもしれない[5]」(ファン・クムジュ)時間を、風前の灯火のようにして生きている。

『太平洋戦争の魂——従軍慰安婦』のなかでもっとも忘れがたい場面の一つは、名を伏せられて登場する沖縄在住の元「慰安婦」ペ・ポンギが、クォン・ヒョンジュの取材要請をあくまで拒否し、怒りを爆発させて家に閉じこもってしまう場面だ。彼女は「大変傷ついていて、かたくなに〔取材を〕拒否なさいました。訪ねて行ってもドアすら開けてもらえなかった。窓から言葉を交わし、話を聞きたいというと、〈苦しめないで。さもないとただじゃおかない〉と包丁を振りかざしてきました。身の危険を感じるよりむしろ、私のなかに心の葛藤がありました。今なお苦しむ彼女に、忌まわしい過去を再び思い起こさせてしまったことに」(クォン・ヒョンジュ)。『赤瓦の家――朝鮮から来た従軍慰安婦』でポンギの半生を描いた川田文子も、「戸を閉ざし、時には鎌を振りまわすなどして取材者を追い帰していた」ポンギの姿を伝えている。そして、「過去の記憶に呪縛され、気も狂わんほどの責苦に心身をさいなまれ続けて」いたポンギの「惨憺たる戦後」は、生き残りの元「慰安婦」たちのなかで「特殊なもの」でありえただろうか、と問いかけている。[(6)]ポンギは九二年一〇月、那覇市内の独り暮らしのアパートでひっそりと世を去り、死後数日経ってから発見された。こんな最期もまた、戦後幾度となく繰り返されてきたにちがいない。

満身創痍の〈証人〉。風前の灯火のような瀕死の〈記憶〉。「明日か明後日には土にかえるかもしれない」こうした被害者たちの記憶は、「忘却の穴」への消失を防ぐためにも、一刻も早く〈公的空間〉に引き出される必要がある。ところが他方、これらの記憶に「呪縛」され、「気も狂わんほどの責苦に心身をさいなまれ続けて」いる被害者を〈公的空間〉に引き出し、衆人注視のもとで証言を迫ることほど暴力的なことはない。この暴力は、証言されるべき不正がおぞましければおぞましいほど、被害者の受けた辱めが大きければ大きいほど、暴力的であるような暴力だ。最悪の暴力の被害者を襲う〈証言の要請〉という第二の暴力。闇の暴力からの生還者を待ち受ける光の暴力。公然と物語ることの、公然化することの、〈公的空間〉そのもののもつ暴力。この新たな暴力に耐えられない被害者は、証言することができなくなる。いいかえれば、この新たな暴力に耐えられないほど傷つけられた被害者の記憶は、〈公的空間〉には必然的に届かない。開かれた傷口が巨大であればあるほど、犯された破壊が徹底的であればあるほど、つまりある意味で証言の必要性が高まれば高まるほど、それが逆説的にも不可能になってしまうのである。

　被害者を二度辱めること、瀕死の生を新たな苦痛で破局に追いやることは許されない。被害者には沈黙する権利がある。にもかかわらず、沈黙を破るという責任も課せられる。この苛酷な責任を担えない者たち、担えないほど深く傷つけられたか、担う以前に殺されてしまった者たちのためにも、この責任が課せられるのだ（「やっぱり黙っていてはいけない」――フカツ・フミオ牧師）。今ようやく〈公的空間〉に届き始めたのは、この苛酷な責任にかろうじて「幸運」にも応えることができた被害者たちの言葉である。したがって、これらの証言のなかに、またこれらの証言を通して聞かなければならないのは、ただ単に証言する証人自身の声だけではない。それと同時に、生きながら沈黙せざるをえなかった者たち、また「捨て」られたまま「帰ってこな」かった者たちの声をも聞かなければならない。けっして記憶されることのなかった者、けっして物語られることのなかった者たちの声をも聞かなければならない。〈公的空間〉は、〈公的空間〉には届きえなかった声、〈声なき声〉をも聞くのでなければ、歴史的責任を担うことはできないのだ。

私は表に出て体験を語っていますが、数千数万という「慰安婦」だった人たちの多くにはできません。ですが、日本は私たちに悪いことをしたと良心をもって謝罪して欲しいのです(7)(シム・ミジャ)。

私たちの後遺症と悪夢はまだ終わらず、私たちを誤解した社会の一部による軽蔑と辱めはまだ残っています。〔……〕生きている間に正義が下されることを願っています。生きている間に私の体験を明らかにできて幸運でした。私には、第二次世界大戦中、またはあらゆる戦争において女性たちの身に降りかかったことを、戦争中日本軍の手によって殺された女性犠牲者になり代わり、全世界に知らせる責任があると考えています(8)(マリア・ロサ・ルナ・ヘンソン)。

2　歴史の裁きに抗する証人

エマニュエル・レヴィナスは、『全体性と無限』のなかで、歴史における「正義の探求と正義の否認」の「弁証法的状況」を詳細に記述している(9)。問題はまさに、「公的」歴史によって不当に簒奪されようとする個別者の生の意味をいかにして「弁明」し、いかにして「正義」を手にしうるかということである。

　意志は死を怖れる。だがレヴィナスによれば、それは単に死が生の終焉だからではない。むしろ意志は、死ぬことによって、おのれの生の意味の解釈がすっかり生き残りに委ねられ、そこにあらゆる裏切りや曲解、簒奪や我有化、隠蔽や「忘却の政治」の可能性が生じることを怖れるのである。死への怖れは虚無への怖れではなく、暴力への怖れである。死が「最大の暴力」であるのは、それによって意志が他者による全面的「疎外」の脅威にさらされるからである。そこで意志は、この死の「延期」以外の何ものでもない生の時間のうちで、みずからの生の意味の「弁明」(apologie)をしなければならない。そしてこの弁明を確証するために、意志は「裁き」(jugement)を要請し、「自分自身の証言(témoignage)の真理をこの裁きから得ようとする」[10]。しかし、個別者の「弁明」ないし「証言」は、いかにして「裁き」に達し、いかにして「正義」を手にすることができるのか。

　意志が求める「客観的な裁き」は、「理性的な諸制度」によって下される。だがレヴィナスによれば、これらの制度に死の暴力からの避難所を求める意志を待ち受けるのは、この諸制度自体に内在する新たなもう一つの暴力である。「理性的な諸制度」は意志を「普遍的な諸法」に従属させ、意志からその唯一性、交換不可能性を奪って、それを「客観的な意味」に還元してしまおうとする。たしかに自由は、それが単なる錯覚にならないためには、社会的・政治的諸制度のうちに自己を位置づける必要がある。にもかかわらず、「普遍的な諸法」によって「公共の秩序」の側から裁かれるとき、「一人称の実存」が発する声はかき消され、「整合的言説の全体性」のうちに消失していく。それはまさに、「公的」歴史の傲然たる無関心に突き当たって跳ね返されてしまうのである。個別者の「弁明」がその唯一性において、その「直接話法」において聞き届けられることはまずない。

歴史の裁きはつねに欠席裁判である。意志が歴史の裁きに欠席するとは、それが三人称の存在としてのみこの裁きに姿を現わすということである。あたかも間接話法のうちに姿を現わすかのように、意志はこの裁きの言説のうちに姿を現わす。このとき意志は、唯一性にして端緒であるというそのありさまを、そしてまた、発語(parole)をすでに喪失してしまっている。普遍的な裁きの客観的叡知、あるいはこの裁きでなされる尋問のための単なるデータには、そもそも一人称の発語、直接的叡知は不要なのだ。(11)

個別者としての人間の「叫び」や「抗議」は、「普遍的なものと非人称的なものの専横=僭主制(tyrannie)」によって圧殺される。この「残酷」な「歴史の裁き」が哲学者を魅了するのは、「理性的な諸制度」を通して見えるもの、「可視的」であるために「明証的」であるもののみがその対象となるからであり、「不可視のもの」への無関心を制度化しているからである。《理性》

の側からは見えないもの、「整合的言説の全体性」のうちに組み込むことができない声は、「獣性の残骸」にまで貶められる。「歴史の裁き」はだから、「個別者に対する不可視の侮辱(offense)を必ず伴っている」のである。レヴィナスはここから、「不可視のものとは、たとえ可視的な歴史が理性的に展開されていようとも、この歴史の裁きから不可避的に帰結する侮辱である」と断定する。[12]「客観的」ないし「公的」な歴史は、それが「客観的」であり「公的」であること自体から不可避的に帰結する個別者への「侮辱」に盲目である。「歴史の裁き」は、それ自身が不可避的に個別者に与える「侮辱」を見ることができないのだ(欠席裁判としての「歴史の裁き」は「政治」の裁きでもある。「可視的なもの」を境位とするため「不可視のもの」を「侮辱」するのは「政治」も同じなのである)[13]。とすれば、意志が求める真の裁き――「真理の裁き」――は、もしそれが可能であるならば、見えないものを見るものでしかありえないだろう。「不可視の本質的な侮辱をも斟酌するような裁き」として、「不可視のものを見る」裁きとして、「神の裁き」のようなものでなければならないだろう。「最後の言葉を発する権利を歴史が喪失するためには、不可視のものが現出しなければならない」[14]。そんなことがどうして可能だろうか。レヴィナスによれば、それは次のようにして可能である。

歴史の裁き、すなわち可視的なものへの裁きから帰結する不可視の侮辱は、それが叫びや抗議としてのみ生起し、あくまで私のうちで感得される場合には、いまだ裁かれる以前の主観性あるいは裁きの忌避を証示するにすぎない。しかしながら、この不可視の侮辱は、それが《他者》（Autrui）の顔を通して私を見つめ、私を告発するとき、裁きそのものとして生起する。というのも、この耐え忍ばれた侮辱、この異邦人、寡婦、孤児としての位格こそが《他者》の顔の公現だからである。死に対する意志の怖れが殺人を犯すことへの怖れに転じるとき、意志は神の裁きのもとにある。(15)

歴史における「不可視のもの」の「現出」とは、「《他者》の顔の公現」以外の何ものでもない。ここで「不可視の侮辱」が、「私のうちで感得される」ものから、《他者》を通して「私を見つめ、私を告発する」ものに変わっている点に注意しよう。いまや問題は「私」の受けた「侮辱」ではなく、「他者」が耐え忍んでいる「侮辱」である。ここでは「他者」の「顔」と「侮辱」とはほとんど区別がつかない。「一なる理性の単なる受肉ではなく自我であること、それは、侮辱された者の侮辱あるいは顔を見うるということにほかならない」(16)。「他者」の倫理の中心にある「顔」（visage）とは、「歴史の裁き」から被った「侮辱」を耐え忍ぶ顔であり、「公的」歴史の外に打ち捨てられた満身創痍の〈証人〉たちの、「異邦人、寡婦、孤児」たちの顔なのだ。この顔を見ること、またこの顔に見られることによって、「私」の「侮辱」（offence）は「恥辱」（honte）へと変じる。というのも、「他者」の「侮辱」はその「顔」を通して「私を見つめ、私を告発する」からであり、「私」を裁く「裁きそのもの」だからである。「私の独断的自由は、私を見つめる眼を通して自分自身を恥じる」私[17]。「恥辱を覚える私」とは、「侮辱」を耐え忍ぶ「他者」の「顔」から自分の「独断的自由」を「審問」された「私」であり、自分が「無辜」であるどころか「簒奪者にして殺人者」であること、つまり《歴史》を構成する「生き残り」の側にいることを、はじめて発見した「私」である。この「恥辱」がなければ「正義」もない。なぜなら、この「恥辱」がなければ、そもそも「自我」が「無限責任」へと呼び覚まされることもないからである。歴史の「可視的なもの」のもとに「不可視のもの」を見る裁き、それによって「歴史それ自体が裁かれる」ような裁きは、「主観性の高揚」を要求する。「他者」は「私を見つめ、私を告発する」のであって、「答えるようにと私に促すかぎりにおいて、裁きは私に下される」からである。そしてこの促しは、〈無限責任を担え〉という促しにほかならない。

自我とは客観的な法によって固定されたいかなる限界をも超えて責任を負う者であり、それゆえ正義は自我を欠くことができないのだ。〔……〕「私」という言葉を発すること、弁明を継続する還元不能な個別者を肯定すること、それは数々の責任に対して特権的な位置を占めることを意味する。これらの責任については、だれも私の代わりになることはできないし、またこれらの責任からは、だれも私を放免しえない。逃げ隠れできないということ、それが自我である[18]。

ここにはレヴィナスの「メシアニズム」が素描されている。というのも、レヴィナスにとって「メシア」とは、「他者」への「無限責任」を負う「自我」そのものだからである。[19] このような「自我」なしには、つまり「他者」のために「他者」に代わって〈証言〉する〈証人〉なしには、「正義」は不可能である。「正義」は「客観的な裁き」を、すなわち「普遍的な諸法の正義」を超えており、この裁きによって「侮辱された者の侮辱」に責任を負うことそのものであるから、この「侮辱」を「客観的な法によって固定されたいかなる限界をも超えて」〈証言〉しうる「自我」を必要としている。したがって、あらゆる〈証人〉は「メシア」なのである。レヴィナスの「終末論」(eschatologie)は、この意味での「メシア的」終末論であり、ヘーゲル的な〈歴史の目的論〉に対立し、これを批判する。「世界審判」(Weltgericht)としての「世界史」(Weltgeschichte)とは、「全体性」としての「歴史」による「歴史の裁き」であり、そこでは〈後世の歴史家〉や〈ミネルヴァの梟〉が「最後の言葉を語る権利」を握っている。それに対して、「終末論」とは「全体性との断絶の可能性そのもの」であり、「終末論的裁き」とは、「時間のうちにあるありとあらゆる瞬間での裁き」である。[20]「他者」の「顔」に「不可視」の「侮辱」を見た「自我」は、「時間のうちにあるありとあらゆる瞬間」に〈証言〉すべく召喚され、「歴史そのものを裁く」べく責任を負わされるわけである。

このように、『全体性と無限』で記述された「正義の探求と正義の否認」の「弁証法的状況」は、「裁き」のもとに立つ〈証人〉の状況、〈証言〉の状況を核心としている。レヴィナスのいう

「他者」への「私」の「無限責任」は、事実的・経験的には必ずしも言語的証言の形式をとるものではないが、しかし構造的には、それが〈他者のために他者に代わって証言する私〉(le moi témoignant pour l'autre) という形式をもっていることは明らかだろう。ここにはすでに、のちの『存在するとは別の仕方で、あるいは存在することの彼方へ』で定式化された「他者のために身代わりになる一者」(l'un pour l'autre) の構造、すなわち「身代わり」(substitution) としての「証し＝証言」(témoignage) の構造が見いだされる。この意味でレヴィナスの思考は、不断の変貌を遂げつつも、本質的には終始一貫して〈証言〉の思考であったということもできよう。[21] ところで、ここで考えてみたいのは、〈証言〉における〈他者のために他者に代わって〉(pour l'autre) の構造である。

右で見たように、レヴィナスは〈証言〉する私の唯一性、交換不可能性を強調する。他者のために「弁明を継続する」のは「還元不能な個別者」としての「私」の責任であり、この責任については「だれも私の代わりになることはできない」し、この責任からは「だれも私を放免しえない」。歴史の「可視的なもの」の根底に「他者」の「顔」を見、私を見つめる「他者」の「眼」のなかに「不可視」の「侮辱」を見たのは、他のだれでもないこの「私」であり、したがって、この「私」以外に〈証人〉たりうる者はどこにも存在しない。これは一般化可能な命題である。もしも〈証言〉が厳密にいって、つねにある特異な経験の〈証言〉であるならば、一般に〈証人〉——特異な経験の当事者——に代わって〈証言〉することはできなくなる。つまり、「だれも証人に代わっては証言しない」(Niemand zeugt für den Zeugen.)[22]というわけである。

けれども、この〈証人〉の唯一性、交換不可能性は、はたして絶対的なものだろうか。厳密にいって、〈証人〉に代わって〈証言〉することはいかなる意味でも不可能なのだろうか。そうではあるまい。事柄自体としてそうでないばかりでなく、レヴィナスにとっても、もし〈証人〉の唯一性、交替不可能性が絶対的で、〈証言〉にとってはいかなる「代わって」もありえないのだとしたら、結局は〈メシア的終末論〉そのものが成り立たなくなってしまうだろう。実際、レヴィナスは『全体性と無限』のなかで、「私」の他者への責任をいささかも縮減することなく、事実上ある意味で、〈証人〉としての「私」の交換不可能性を崩しているように思われる。それはおそらく不可避のことであるばかりか、「正義」にとってはチャンスでもある。もっともそれは、的確に捉えるのがいかにも困難なチャンスなのだが。

論点は二つある。まず一つは、「第三者」(le tiers)が開く可能性である。周知のように、「第三者」の概念は、「私」と「他者」との二者関係を外部に向かって開く契機として導入された。「他者の眼を通して第三者が私を見つめている」。「貧者、異邦人としての《他者》は、自分が悲惨の只中にいるにもかかわらず、すでにして第三者に仕えているのだ」とレヴィナスは言う[23]。だがそうだとすれば、〈他者のために他者に代わって証言する私〉にとっての「他者」は、それ自体〈他者のために他者に代わって証言する私〉であることになるだろう。そして、「他者」がこうして「第三者」の〈証人〉であるなら、「私」の〈証言〉は「他者のために他者に代わって」の〈証言〉である以上、〈証人のために証人に代わって〉の〈証言〉であることになる。「他者」が「第三者」の〈証人〉であるなら、「他者」の〈証人〉である「私」は〈証人〉の〈証人〉である。ここに、〈証人に代わって証言する証人〉の可能性があることは否定できない。「私」がその〈証人〉である「他者」は、その「悲惨の只中」で「第三者」の「悲惨」を、すなわち「他者」の「他者」の「悲惨」を〈証言〉している。もしもこの構造がなかったら、〈公的空間〉に現出した満身創痍の証人たちの声を通して、けっして現出しない「他者」たちの声、はじめから忘却されてしまった「他者」たちの声を聞くことはできないだろう。

第二に、「繁殖性」（fécondité）の次元である。レヴィナスによれば、「私」が「分離された存在」として単独者であり続けるかぎり、「他者」への「無限責任」を最後まで担い切ることは不可能である。「死の暴力」は、自分のために「弁明」する自我のみならず、「他者」のために〈証言〉する自我をも容赦なく襲う。「歴史の裁き」に抗する〈証言〉が「正義」を手にすることができるためには、「私」の時間が何らかの仕方で「私」の死を超えて延長され、有限性を脱して「無限の時間」と化す必要がある。それを実現するのが「繁殖性」つまり「子を産むこと」であり、その前提である「愛」（エロス）なのだ[24]。

「私」は「愛される女」とのエロス的関係において、「女性的なものの他性」によって自己への「閉塞」から解放されるばかりでなく、新たに「子を産む」ことによって不可避の「老い」と「死」に打ち克ち、「絶対的未来」としての「無限の時間」へ超越する。「無限の時間」とは「無限に再開する」時間であり、「諸世代の不連続性を貫く」時間であって、「無数の未来性」そのものである。「死に対する勝利とは息子のうちに蘇生することである。死という断絶を息子が呑み込むのである。死――それは可能性の不可能性のうちで窒息することであるが、ほかでもないこの死によって、後裔への道(passage vers la descendance)が拓かれるのだ[25]」。「無限の時間」は、レヴィナスにおいて、「神の裁き」――「真理の裁き」としての「《他者》の裁き[26]」――が「成就」するための「究極的条件」として「要求」される、という点に注意しよう[27]。「他者のために他者に代わって証言する私」、つまり「他者」への「無限責任」を担う「私」は有限である。メシア的終末論が「成就」され、「正義」が実現されるためには、「繁殖性」とその「無限の時間」がこの「私」の有限性を補塡し、代補するためにやって来なければならないのだ。ちょうどカントにおいて、「魂の不死」が実践理性の有限性を補塡し、代補しにやって来て、はじめて「善」の実現可能性が保証されるように。

時間という無限の実存することは、今日の善良さがつきあたっている挫折の壁を突き破り、真理の条件としての裁きの境位を確たるものたらしめる。繁殖性によって、私は真理が語られるために必要な無限の時間を手にする。〔……〕時間の成就は死ではなくメシア的時間であり、このメシア的時間においては、果てしないくり返しが永遠なるものへと転じる。メシア的勝利は純粋な勝利である。無限の時間は悪の回帰を禁じるものではないが、にもかかわらず、メシア的勝利は悪の復讐から護られている。[28]

「繁殖性」とはしたがって、新たな〈証言可能性〉を産むこと、つまり、「顔の彼方」で〈証言〉しうる新たな〈証人〉を産むことと別のことではない。「繁殖性」が「欲望を産み出す欲望」であり、善良さを産み出す善良さ、超越を産み出す超越であるなら、それはまた証言を産み出す証言であり、証人を産み出す証人であろう。「繁殖性」がさらに「繁殖性を産み出す繁殖性」であるなら、この反復には際限がない。[29]「神の裁き」ないし「メシア的勝利」が「成就」するためには、証人が証人を産み、この証人がまた新たな証人を産むような、〈証人〉の「無限」連鎖が必要なのである。〈他者のために他者に代わって証言する私〉は、その「私」に代わって証言する新たな「私」がなければ、「神の裁き」のもとに立つことはできない。ここに現われてくるのは、またしても〈証人に代わって証言する証人〉の構造である。〈証人〉としての「私」の唯一性、交換不可能性は、ここでも絶対的には成り立たない。「国家に抗して維持される自我の取り替え不能な唯一性は、繁殖性によって成就される」とレヴィナスは言う。[30]これはつまり、「父の唯一性」が「父による選び」によって「唯一の息子」を産み出し、かくして「父の息子はみな唯一の息子であり、選ばれた息子なのである」[31]ということだろう。「父」も「息子」も、「他者」への責任を回避しえないという意味では、それぞれ唯一の〈証人〉であることに変わりはない。「繁殖性」とはまさに、無数の「唯一性」を産み出す「唯一性」なのであり、「唯一性」の「無限」反復なのである。

3　兄弟たちの〈イスラエル〉

『全体性と無限』の証言論は、「第三者」と「繁殖性」の概念の導入によって、事実上、〈証人〉の無限連鎖あるいは〈証言〉の無限反復の可能性を認めているばかりか、要求さえしているように思われる。〈他者のために他者に代わって〉の〈証言〉は、証人の交替や証言の伝承が絶対的に不可能ならば、「正義」を求める「無限責任」を担うことはできないだろう。この〈証言〉の主体は、「他者」の「顔」のうちに「非現前する」[32]「第三者」のために、「死という断絶」を超えて、「諸世代の不連続性」を貫いて、「間(intervalle)を介しての復活」[33]によって証言しなければならない。「非現前」や「断絶」や「不連続」や「間」を含みつつ、かつそれらを超えて証言し続ける可能性、つまり〈証言〉の〈差異を含んだ反復〉の可能性が、「無限に」開かれなければならないのである。[34]

「歴史の裁き」そのものの暴力性を裁く可能性の条件たる〈証言〉の「無限の」反復可能性。しかし、ここで疑問が生じる。レヴィナスにおける〈証言〉の反復可能性は、本当に「無限の」ものなのか。レヴィナスにおいては、〈証言〉の「無限の時間」そのものがすでにある限定に服し、

〈他者のために他者に代わって〉のラディカルな可能性を制約しているのではないか。
まず第一に、「繁殖性」はなぜ「父」の「息子」への超越なのか。なぜレヴィナスは『全体性と無限』において、「善良さを産み出す善良さ」を、つねに〈息子を産み出す父〉としてのみ語るのか。

自我は自我としてのその唯一性を父性的〈エロス〉から抽き出す。〔……〕息子は父の唯一性を踏襲しつつも、父にとって外的であり続ける。つまり、息子は唯一の息子なのだ。数的な意味で唯一なのではない。父の息子はみな唯一の息子であり、選ばれた息子なのである。息子に対する父の愛は、他人の唯一性そのものとのあいだに唯一可能な関係を成就する。この意味において、どんな愛も父性的愛に近づかなければならない。[35]

レヴィナスにおける〈性差〉の問題系はきわめて複雑で、ここで立ち入る余裕はない。[36] だが少なくとも、『全体性と無限』において、〈彼女たち〉が真の〈証人〉たりえないことは否定できないだろう。「無限責任」を担うべく「選ばれて」あること、「逃げ隠れできない」〈証人〉の「唯一性」は、「他人の唯一性そのもの」との「唯一可能な関係」である「息子に対する父の愛」によってのみ反復される。「父性的〈エロス〉のみが息子を唯一性として任命する」のだ。[37] たしかに女性は、この〈証人〉の連鎖から単純に排除されているわけではない。「父」は「愛される女」なしには

「息子」を産むことができないから、「繁殖性の超越には女性的なものの他性が結びついている」[38]。「息子」が産まれるためには、「ヒロイックで雄々しき自我」が「官能」のなかで「柔和なものと化し、女性化すること（effemination）」[39]が必要だ、とまで言われる。「母性」（maternité）がまったく無視されているわけでもない。「両親（parents）という保護する実存」への子の「依存」を説明するためには、「母性の概念を導入しなければならない」とも言われているからである[40]。にもかかわらず、この概念はそれ以上まったく展開されない。女性はあくまで〈証人〉を産み育てるために必要とされるだけで、みずから〈証人〉になることはない。「愛」という「二つの実体〔愛する者と愛される女〕のこの比類なき関係」は、結局「父性に帰着する」ことになるのである[41]。

「人間的自我は兄弟関係（fraternité）のうちに定立される」とレヴィナスが言うのも、けっして偶然ではないことがわかるだろう。父の「無数の未来性」が無数の「息子」を産み出すのであれば、「産み出された自我は世界に唯一の者としてと同時に、兄弟の一人（frère parmi frères）としても実存する」ことになる。「兄弟関係」とは、「私の選びと〔息子間の〕同等性とがともに成就されるような顔との関係」である[42]。互いに「同等」の者として「顔」に責任を負う〈証人〉たちのなかには、したがって「姉」も「妹」も存在しない。「娘」がいないのだから「姉」も「妹」も存在しえないのである。レヴィナスにとって、この「兄弟関係」はまた自我の「第三者」との関係の帰結でもある。「他者」の「眼」を通して「私」を見つめる「第三者」の〔非現前の〕「現前」は、『全体性と無限』では、「われわれを見つめ、われわれに関係する人間全体（toute

するとになるのである。

l'humanité〉の現前[43]」であり、そしてこの「人間全体」は、「父性」に基づく「兄弟関係」に帰着することになるのである。

兄弟関係は父の共通性を含意しており、それはあたかも類の共通性では個体同士が十分に接近しえないかのようである。顔は廉直さ、つまり典型的な近さを通して現前し、私によって迎接される。この廉直さにふさわしいものであるためには、社会は兄弟からなる共同体〈communauté fraternelle〉でなければならない。一神教が表現する人間のこのような血縁＝親族関係〈parenté〉、つまり人類の観念は、顔を通じて、高さの次元を通じて、自己および他者に対する責任を通じて他者と接することに由来する。[44]

こうして、「第三者」と「繁殖性」が実は同じ限定に服していることが明らかになる。「第三者」と「繁殖性」が可能にする〈証人〉の共同体は、究極的には一致し、たしかに「人間全体」ないし「人類」と呼ばれている。けれども、この「人間全体」ないし「人類」はといえば、本質的に「共通」の「父」(＝「神」)のもとにある「息子」たちの「兄弟関係」として規定されているのである。ここではまず第一に、〈彼女たち〉の証言は聞こえない。否定しがたく「男性的」なこの証人共同体のなかでは、「男性的文明[45]」そのものの暴力を告発する〈彼女たち〉の証言は、まさに〈彼女たち〉のものであるかぎり場をもつことができないのだ。第二に、「共通」の「父」をもたない者はどうなるのか。異なる「父」をもつ者はどうなるのか。「共通」の「神」をもたない者はどうなるのか。異なる「神」をもつ者はどうなるのか。要するに、「一神教」——唯一の〈父なる神〉——の外にいる者はどうなるのか。「すべての人間は兄弟なのだ」といっても、まさにその「兄弟」こそが「父の共通性」——〈父なる神〉の「共通性」——を要求し、外部の証人を忘却してしまうとしたら、どうなるのか。

「一神教」への言及を待つまでもなく、『全体性と無限』の「繁殖性」の議論が『聖書』「創世記」以来の「ユダヤ的」伝統に想を得ていることは疑いようがない。[46]「創世記」では歴史が「世代」や「子供」や「系図」を意味する「トルドット」(toldot)によって語られているし、「アブラハム」の名は「多くの諸民族の父」を意味する、等々。[47] とくに「繁殖性」と「証言」の結びつきの「ユダヤ的」性格については、ここでローゼンツヴァイクの『贖いの星』を参照しないことは不可能だろう。『全体性と無限』の「いたるところに枚挙の暇がないほど浸透している」[48] とレヴィナス自身がいうこの書物において、ローゼンツヴァイクは、「永遠の民族」(das ewige Volk)とされるユダヤ民族の独自性を、「子を産むこと」によって「真理」を「証言=証し」する「血の共同体」(Blutsgemeinschaft)である点に求めたのだった。

〔われわれユダヤ民族にとって〕時間は永遠に自己自身を産み出し続けなければならない。諸世代(Geschlechter)の継起のなかで、自己の生命を永遠化しなければならない。この諸世代の継起においては、各世代は次の世代を産み出し、産み出された世代が産み出した世代のことを証言＝証しする。証言＝証しすること（Bezeugen）は子を産むこと（Erzeugen）において起こるのである。〔……〕未来を産み出すことがただちに、過去を証言＝証しすることになる。息子（Sohn）が産み出されるのは、彼を産み出した亡き父（Vater）のことを証言＝証しするためなのである。[49]

ユダヤ人の信仰は「証言＝証しの内容」にではなく、「繁殖性の産出物」（Erzeugnis einer Erzeugung）にある。ユダヤ民族を「証言＝証しの共同体」として基礎づけるのは、「産み出された孫息子のうちで祖父を証言＝証しする一つの血が肉体のなかに流れ続けていること」であり、「血のみが現在において未来への希望に保証を与える」。「血の共同体」にとって、「時間は子であり、子の子＝孫（Kindeskind）である」。「われわれ自身の身体と血に深く根づくこと」によって、すべての「国家」的民族から離れ、戦争と暴力の支配する「世界史」の「外部」に位置することこそ、ユダヤ民族が「永遠の民族」として「贖いの星」たるゆえんなのだ、というわけである。[50] レヴィナスはそのローゼンツヴァイク論の一つで、この「永遠の民族」の思想を「ユダヤ教の深奥の経験」を捉えたものとして高く評価している。それによると、この思想はまさに、「歴史の裁き」を超えて「世界の政治的歴史」そのものを「裁く」という「ユダヤ教の最古の企て」を擁護するものなのである。[51] レヴィナスの「繁殖性」の議論が、このローゼンツヴァイクの思想の独自の捉え直しにほかならないことは明白だろう。(52) レヴィナスの「繁殖性」論は、唯一の「神」=「父」のもとにある「証言=証しの共同体」としてのユダヤ民族——あるいはむしろ、いわゆる〈イスラエルの民〉——をモデルにした民族的存在の理論、たしかに破格のものではあるにせよ、やはり一つの民族的存在の理論だといってよいように思われる。事実レヴィナスは、「繁殖性」に基づく「父」と「息子」の関係を、「家族と民族(nation)のなかで具体化される歴史の糸と再び結び合うためのある仕方」(53)としても語っているのである。

だが、レヴィナスの議論をローゼンツヴァイクの「血の共同体」に結びつけるのは、乱暴すぎるのではないか。ポスト・ナチズムのユダヤ人哲学者レヴィナスは、「民族」の「人種」化につながるような「血」の思想をむしろ批判したのではあるまいか。また「父」と「息子」の特権性にしても、『全体性と無限』ではそうかもしれないが、『存在するとは別の仕方で、あるいは存在することの彼方へ』になると、今度は逆に「母性」こそ、「証言=証し」の主体であることになるのではないか。

まず「血」について。たしかにレヴィナスは『全体性と無限』において、「繁殖性」をあからさまに「血」に結びつけているわけではない。だが、あくまで「繁殖性」が問題である以上、「血」の要素を完全に排除するのもまた困難だろう。「祖父」から「父」へ、「父」から「息子」へ、「息子」から「孫息子」へという「諸世代」の時間性を、「生物学的繁殖性」に還元できないのはもちろんである。個人を生物学的「種」の一偶発事に還元するような考え方を、レヴィナスが厳しく斥けるのもいうまでもない。にもかかわらず、「繁殖性」が「人間にあっては生物学的生命に基礎をおく」ことも否定しがたい。「繁殖性の生物学的構造は生物学的事実の枠を超える。繁殖性という生物学的事実のうちで、繁殖性一般の構造が描き出される」。だから、レヴィナスにとって「生物学」は、「存在の本質的生起とは無関係で単に偶発的な存在の秩序ではない」のである[54]。

ユダヤ人はユダヤ人として生まれ、自分を祖先と子孫に結びつける肉の絆を通して永遠の生を確信しています。ローゼンツヴァイクは血の永遠性という危険な言葉を用いていますが、これを人種主義的な意味に解してはなりません。というのも、この語は人種的弁別の技術を正当化する博物学的概念も、支配者の人種的優越もまったく意味せず、反対に、歴史の流れへのまったき無縁性、自己自身に根ざすことを意味しているからです[55]〔強調はレヴィナス〕。

これはいいかえれば、ローゼンツヴァイクの「血の永遠性」は「人種主義的な意味」をもたないから受け容れ可能だ、ということである。つまりレヴィナスにとって、人種主義批判と「血の永遠性」は両立可能なのである。「人はユダヤ人に生まれるのであって、ユダヤ人になるのではない」という命題は、いかなる「人種主義」を主張するものでもなく、「半‐真理」として「究極の内密性を証示している」とレヴィナスは述べている。人がユダヤ人であるのは、あれやこれやの特質をもつからではなく、「自己自身のうちにあるようにして」ユダヤ人なのだ、と彼は言う。[56] そして、「諸国民とイスラエルの現存」と題されたタルムード解釈の一節。

カインとアベルをはじめとして、聖書は、兄弟関係がこのような敵対と化すことを危惧し、それを糾弾してきました。単なる血の絆は血の海に溺れる危険性をつねに有しています。と同時にこの絆は、《至高者》の言葉によって命じられた愛、唯一者が唯一者に向ける愛と化す可能性をはらんでもいます。[57]

「母性」についてはどうか。『存在するとは別の仕方で……』における「母性」の登場は、たしかに注目すべき転回である。それは、『全体性と無限』で示唆されていた「保護する実存」としての「母性」を超えて、他者のために「苦しむこと」(martyre)としての、つまり「身代わり」としての「証言=証し」の主体そのものとなっている。ここに「〈男根ロゴス中心主義の特権〉の転覆」を見ることも、あながち無理だとは言えないだろう。[58]

〔……〕母性、同のなかでの他の懐胎(gestation)――それが感受性なのだ。迫害された者の動揺、それは、自分がやがて孕むであろう者たちによって、自分がかつて孕んだ者たちによって傷つけられる「子宮の呻き」(gémissement des entrailles)の一様態、母性の一様態にほかならないのではなかろうか。他人たちに対する責任は、迫害の結果のみならず、迫害者自身を内包した迫害することそのものにも苦しむにいたる。孕み、担うことの最たるものとしての母性は、迫害者が迫害することに対する責任をも担っているのだ。[59]

だが、「血」の要素はいったい薄くなったのだろうか、濃くなったのだろうか。というのも、ここでは「証言＝証し」が、「肉と血からなる主体性」(la subjectivité de chair et de sang)によることが徹底的に強調され、「子宮」のうちでの「子の懐胎」という、いわばより〝自然的〟で「質料的」な場面に結びつけられているのだから。[60] [61] いずれにせよ、「父性」から「母性」へのこの転換は「繁殖性」内部での転換でしかありえないだろう。「父」であっても「母」であっても、「証言＝証し」(Bezeugung)が「子を産むこと」(Erzeugung)から考えられていることに変わりはない。「母性」による「証言＝証し」は、「彼」(il)ないし「彼性」(illéité)としての「無限者」がその「栄光」のうちで有限者を「過ぎ越す」仕方にほかならない、ともレヴィナスは言う。[62] 唯一の「父」を共有する「民族」(「兄弟関係」)にある「諸民族」という「繁殖性」の形式をここに重ねることは、依然として可能だろう。「母性に期待されているのはイスラエルを成就すること、つまり、人間の顔に刻みつけられた〈神の似姿を増殖させる＝繁殖させる(multiplier)〉ことなのである」。[63]

「肉と血からなる主体性」の「証言＝証し」の諸相を、レヴィナスはまた、「自分の皮膚の内側に他人を宿すこと」とか、「自分の皮膚の壁をひそかに打つ心臓の膨張と収縮」とか、「他によって息を吹き込まれること（inspiration）」とか、「〈魂〉の拍動と呼吸（respiration）」とか、「心性（psychisme）すなわち生気づけ（animation）」とか、「その実体の基底において肺腑（poumon）たりうること」とか、多く「血」と「気息」にかかわるイメージに訴えて表現している。[64] 彼によれば「単なる比喩以上のもの」[65]であるこれらの語彙を、もしも一貫してユダヤ教カバラの「魂」論から解釈することができるとすれば、そこに驚くべき「繁殖性」の構造が浮かび上がってくるだろう。永井晋は、「ネフェシュ」（血と呼吸を核とする生命原理）、「ルーアハ」（気息ないし精神）、「ネシャマー」（神の気息）、「ハーヤー」（生命）、「イェヒダー」（責任の主体の唯一性）の五様相が混然一体となって「魂」の統一をなすカバラの思想をふまえて、『存在するとは別の仕方で……』の「同のうちでの他の懐胎」の議論に、無限者（エン・ソフ）が受肉した有限者の「血」と「気息」を通して「未来化する」という「カバラ的メシアニズム」を読みとっている。[66] カバラとタルムードに共通の『聖書』解釈の技法「ゲマトリア」によれば、「血」（ダム）と「子供」（イェレッド）と「神名」の一つ「私はあるであろう者である」（エヒエ）は一致するから、無限者の「未来化」は、「有限者が性的結合によって〈子を産む〉こと」を通じて実現されるのである。もしもこの大胆な仮説が成り立つとすれば、レヴィナスの「繁殖性」は、〈神の民イスラエル〉の「血の永遠性」を保証するものにほかならなくなるだろう。

ローゼンツヴァイクにとって、「永遠の民族」は「その血の純粋な源泉を異なる血との混合

（fremde Beimischung）から遮断すること」を「必要」としていた[67]。レヴィナスの〈神の民イスラエル〉が、やはりこの「混合」を忌避するのかどうか、どこまで忌避するのかはわからない。すでに見たように、レヴィナスは「父の共通性」があるかぎり「すべての人間は兄弟である」という立場に立つ。前出のタルムード解釈「諸国民とイスラエルの現存」でも、「イスラエルにおける主を崇拝する」ならば「諸国民」も「イスラエルの歴史に参画する」ことができ、それによって「イスラエルの共同体」は「罪を贖う新たな人間全体」になる、と言われている[68]。唯一の「父」を「父」として認めること、唯一の「父」の新しい「息子」になることを条件として、「諸国民」もまた「新たな人間」として認められるのであり、これもまた、「繁殖性」が「生物学的繁殖性」を超えて機能する一つの仕方なのだろう。それでもここに、ユダヤ民族の絶対的優先性が維持されているのは明らかである。「新たな人間全体」はつねに、狭義の「イスラエル」すなわちユダヤ民族から出発して、狭義の「イスラエル」の広義の「イスラエル」への拡大としてのみ考えられる。「イスラエルの共同体を保持しなさい[69]」という命令は、まず第一には狭義の「イスラエル」――「人はユダヤ人に生まれる」のだとすれば、「生物学的繁殖性」を基礎にした「繁殖性」の共同体――の防衛を要求することにならざるをえないだろう。

4　父と母の彼方で

「繁殖性」という「無限の時間」は、〈証言〉の無限反復可能性への一つの限定ではないだろうか。〈他者のための他者に代わっての証言〉は、「父の共通性」を超え、「母性」をも超えて反復されるべきではなかろうか。

満身創痍の証人たち。迫り来る「老い」と「死」の暴力に抗し、「歴史の裁き」の「残酷さ」に抗して証言する〈彼女たち〉の声は、「父性」にも「母性」にも、「家族」にも「民族」にも、「一神教」の「兄弟関係」にも回収されるべきではないだろう。「日本男子」(フカツ牧師)による「迫害」の記憶、「国家」と「雄々しき主体」による「迫害」の証言は、「母性」や「民族」や「繁殖性」に回収されてはならないだろう。この「迫害」は「繁殖性」の破壊、「母性」の破壊、「民族」の破壊であったが、同時にまた、もう一つの「民族」の、もう一つの「母性」と「繁殖性」の「防衛」の名において行なわれた「迫害」であることを、忘れるわけにはいかない。戦後の〈彼女たち〉を沈黙に追いやった一因が、「家族」や「民族」や「繁殖性」の無言の圧力にあったことも銘記しなければならない。〈彼女たち〉の証言は、まず第一に「日本男子」を告発する。この責任については、だれも「日本男子」の代わりになることはできないし、だれも「日本男子」を放免しえない。けれどもまた、〈彼女たち〉の証言は「国家」と「雄々しき主体」一般をも告発するのであって、これらの告発が「家族」にも「民族」にも「繁殖性」にも回収されることなく、それらのものの限界を超えて聞き届けられるべきなのである。〈離散〉の「家族」、〈離散〉の「民族」、〈離散〉の「繁殖性」をも超えて。

子どもも生めない体になっていたので、夫はただ一人の身内でしたが、一九九二年三月に亡くなりました。その夫にも私の過去を隠して暮らしてきました[70](リ・ギョンセン)。

「慰安婦」だった女たちが集まって「ムグンファ(ムクゲ)姉妹会」をつくりました。子どもも作れず身寄りもない自分たちが、いくらもない余生を姉妹として生きていこうという思いからです[71](シム・ミジャ)。

私が、日本人からもらったものは病気だけです。子宮は目茶苦茶にされ、心臓は痛いし、大腸をやられたのでいつも下痢をしています。日本人は、自分の娘や妻やお母さんがこのような体験をさせられたらどうしますか[72](キム・デイル)。

家族も村人も私を遠ざけたので、やむを得ず村を離れて太原に移りました。日本軍に生殖力を奪われたので、天涯孤独で生活しています。〔……〕私は日本政府を憎んでいます。日本軍を死ぬほど憎んでいます[73](ヴァン・アイファ)。

「生殖能力を奪われた」証人たち。〈彼女たち〉の証言はしたがって、「繁殖性＝生殖能力」（fécondité）を超えて、したがってまた「家族」や「民族」をも超えて、それらとは別の仕方で反復されなければならない。「子宮を目茶苦茶にされた」証人たちの証言は、「子宮の呻き」としての「母性」を超えて、それとは別の仕方で新たな証人を見いださなければならない。

もはや「迫害者自身の迫害をも担う」のはとうてい不可能なほど、それほど深く傷つけられてしまった証人たち。〈彼女たち〉の証言を、繁殖するとは別の仕方で、あるいは繁殖することの彼方で反復しなければならないのだ。

第五章

《運命》のトポロジー

〈世界史の哲学〉とその陥穽

われわれのすべての能力のなかで、記憶は最も脆く、
気まぐれなものである。
——ヨゼフ・ハイム・イェルシャルミ『ZAKHOR』

ジャン-フランソワ・リオタールは、自著『ハイデガーとユダヤ人』の日本語版に寄せた序文「もともと地上には道はない」のなかで、「京都学派」の「政治哲学」――いわゆる〈世界史の哲学〉――に言及し、〈大東亜戦争〉のうちに〈ヨーロッパ近代〉の超克の可能性を見ようとしたこの哲学のうちに、実は「ヨーロッパ的な形而上学的モチーフの回帰」が認められることを指摘している。(1) すなわち彼によると、高山岩男と高坂正顕が「国民」ないし「国家的民族」を歴史の主体として特権化し、「国民」の「モラリッシェ・エネルギー」の強度のゆえに、日本は中国に、ひいては西洋に勝利するのだと主張するとき、この二人の哲学者は、近代西洋の諸原理の否定を企図しながら、実際は、「民族の自己意識の契機としての国家」、「世界史の唯一性」、「解放の合目的性」、「力と意志」、「即自と対自の弁証法」といった「近代西洋の政治哲学と実践の本質的なモチーフ」を反復しているにすぎない。

中国がうち負かされたのは、中国が国家的民族ではないからということになる。日本は「自己決定する」ことができた。つまり日本は主体性として出現したということである。……日本は西洋に対して太平洋戦争に突入する。……というのは、主体性というものは共有できないからである。全人間世界にとってはひとつの歴史しかないのであり、しかもその歴史にはひとつの主体しかないのである。全民族における潜在的な力の実現として、主体は全アジアだけでなく、西洋をも支配するよう運命づけられている。共同存在のすべての特殊的伝統は主体のなかに集められ、それらのエネルギーを普遍的な計画＝投企(projet)として解き放つのだ。

たしかに、ここでリオタールが提起している論点は重要である。とりわけ、日本における形而上学の不在を自明視し、そこから形而上学批判の不毛さや、ましてや日本的(東洋的)原理による〈形而上学の克服〉を説こうとするたぐいの議論に対しては、まさしく「〈他者〉の廃棄は普遍的に〈自己〉の誘惑」であるから、形而上学はいたるところに回帰するのだということ、そして、近代においてはとりわけそれは、「同じ資格で西洋的でありかつ日本的」であるような「歴史と政治の帝国主義的哲学」として回帰したのだ、ということを強調しなければならないだろう[2]。

しかし、問題はこの回帰の様態である。あるいは、リオタールが「同じ資格で」と言うときのその内容である。リオタールはここで、彼の指摘する「形而上学的モチーフ」のいくつかが、〈世界史の哲学〉の代表的著作において少なくとも文字の上では明白に拒否されている、という事実を重視しているようには見えない。たとえば、高山岩男の『世界史の哲学』は、「全人間世界にとってはひとつの歴史しかないのであり、しかもその歴史にはひとつの主体しかないのである」という見方を「歴史的世界の一元論」として否定し、逆に「特殊的世界」の概念によって、「歴史的世界の多数性」を根拠づけることを「一つの中心思想」としていたのではないか。日本という唯一の主体が「全アジアだけでなく、西洋をも支配するよう運命づけられている」ような「世界史の唯一性」を主張するどころか、「日本の世界への素朴な連続的拡張を考へようとする思想的傾向」を「無自覚的独断」として斥けていたのではないか。西洋の「帝国主義的哲学」と同じであるどころか、近代西洋的な意味での「帝国」概念の「破産」を明確に宣言し、「近代的旧原理」としての「帝国主義」に対する「闘争」の必然性を説いていたのではないか、等々。〈世界史の哲学〉の理論内容を見るならば、ただちにそのもっとも明白な特徴として現われてくるこうした論理、この哲学が西洋の「帝国主義的哲学」に対抗するための武器とした〈反帝国主義的〉な論理について、リオタールは何ひとつ語ってはいないのである。

もちろん、わたしはこのような〈反帝国主義的〉な論理の存在を強調することによって、〈世界史の哲学〉の負った〈世界史的〉負債を軽減したり、帳消しにしようともくろんでいるわけではない。リオタールも確認しているように、〈世界史の哲学〉が「〈大東亜共栄圏〉にたいする日本の事実上の支配を正当化」するものであったこと、すなわち、日本のアジアへの「帝国主義的」侵略を正当化するまさに「帝国主義的哲学」となったことに異論の余地はなく、この点を多かれ少なかれ「修正」しようとするどんな議論にも与することはできない。(3) にもかかわらず、というよりはまさにそれゆえに、〈世界史の哲学〉としての西洋形而上学の反復を、単なる反復としてではなく、差異としておのれを呈示する反復として分析することが不可欠ではないかと思われる。この哲学の〈反帝国主義的〉論理が、いかにして「事実上」の「帝国主義的哲学」に帰結せざるをえないのか。あるいは、この「事実上」の「帝国主義的哲学」が、いかにしておのれを〈反帝国主義的〉哲学に見立てることができたのか。要するに、〈世界史の哲学〉の〈反帝国主義的〉帝国主義を、その特殊な様態において明らかにすることがなければ、いつまたふたたび、反回帰の仮面のもとに現われる回帰の欲望に欺かれない(おのれを欺かない)ともいえないだろう。

往時から半世紀後の今日、〈経済大国〉日本の主導による事実上の〈大東亜共栄圏〉の実現というイメージがある種のリアリティをもって流布する一方、〈世界史の哲学〉の問題意識や諸概念をいわば〈非帝国主義的〉に「解釈」し、「建設的」に「継承」していこうという議論も登場してきている。そうした議論がはたしてどこまで成功しうるものなのか、わたしは懐疑的であらざるをえない。[4] 以下では、「京都学派のなかでも際立った体系家」[5]とされる高山岩男の主著『世界史の哲学』を中心に、この日本の代表的な哲学的ナショナリズムの言説において、「〈他者〉の廃棄」がもうひとつの「帝国主義的哲学」として、すなわち〈反帝国主義的〉な「帝国主義的哲学」として現われてくるさまを、少しく具体的に追跡してみることにしたい。[6]

1　〈世界史〉の欲望

『世界史の哲学』の「一つの中心思想」が「特殊的世界史」の概念に、あるいはむしろ、「特殊的世界史」と「普遍的世界史」の区別にあることは、この書の序文に明確に述べられている。(7) しかし、これは奇妙な概念、奇妙な区別ではないだろうか。世界史とは本来、いわば定義によって「普遍的な歴史」(Universalgeschichte, universal history)であって、この点からすれば、「特殊的世界史」とは形容矛盾であり、「普遍的世界史」とは冗語にすぎないといわれても仕方がないだろう。ところが、こうした見方は「歴史的世界の多元性」を知らず、自己の住む「特殊的世界」をそのまま世界全体と同一視する素朴な「世界一元論」にとどまるかぎりでしか自明性をもたない、と高山は言う。とりわけ問題なのは、近代世界史学——実証史学および歴史哲学——が、ヨーロッパ人の立場からのこうした世界一元論に汚染されており、「普遍的な歴史」といっても、実際はヨーロッパ的世界の歴史を端的な世界史と同一視したものにすぎないことである。

近代の世界史学は殆どヨーロッパの世界史学であり、ヨーロッパ近代の歴史的現実から成立したものであつた。それには、ヨーロッパ中心とも評すべき理念が前提として潜み、これは政治・社会・経済・思想・文化の隅々にまで滲透してゐた。社会や文化に関するいはゆる発展段階説などは、その一つの代表的な歴史理論であつて、周知のやうに、人類は一定の発展段階を経過すべきものとし、而もヨーロッパは最高の発展段階に位し、他は当然そこに到達すべき前段階にあると考へる思想である。私はこのやうな理論に根本的な疑問を抱くものであつて、今日厳密な批判的検討を加ふべき時期に来つたと考へる。(8)

ここから『世界史の哲学』の出発点が明らかになる。それは、何よりもまず、世界史に関する〈ヨーロッパ中心主義〉の批判である。たとえばヘーゲルの歴史哲学に典型的に見られるように、近代ヨーロッパの世界史学は東洋世界の歴史を世界史の単なる「前史」(Vorgeschichte)と考える傾向がある。中国やインドについて「歴史の停滞」のようなものが説かれ、それらがまるで「ギリシャ・ローマのいはゆる古代世界に対して更に古代的な世界」にとどまっているかのような議論さえ行なわれるのである。(9)けれども高山によると、このヨーロッパ中心主義的見方の誤りは、まず第一に、それがアジアの諸地域をそれぞれ相対的に独立した「特殊的世界」として見るのではなく、それらの差異を無視して唯一の「東洋世界」を仮構してしまうことに明らかである。アジアを東アジア、中央アジア、西アジアに分割するだけでは十分でない。たとえば東アジアのなかにも、「支那世界」「印度世界」など「比較的に独立性をもつ」より特殊な世界があり、これらの特殊的世界はそのおのおのが、いくつかの民族の相互作用によって構成される独自の歴史をもっている。[10] 第二に、このヨーロッパ中心主義的見方は、これら非西洋の特殊的世界に対して、歴史的発展についての唯一のヨーロッパ・モデルを押しつける点で大きな誤りを犯している。ヨーロッパ的観点から見てどれほど停滞的に見えようと、「支那世界」も「印度世界」も、すべて特殊的世界はそれぞれ固有の「歴史的時間」をもち、「それぞれ固有の古代・中世・近世を有する世界」であり、ただそれが「ヨーロッパのそれと並行することなく、ヨーロッパのそれと内容を同じくすることもない」というにすぎない。ヨーロッパと同一の時代区分をもたないからといって、ただちに永遠の停滞のうちにあるようにいうのは、「ギリシャ芸術のないところに凡そ芸術がなく、キリスト教のないところに凡そ宗教がないと主張するやうなもの」である。[11] 総じて、各特殊的世界の独自性に関する高山の主張は徹底的で、「歴史的世界にはその時代にもその民族にもそれぞれ固有の完成が存して」おり、「他と比較商量を許さぬ永遠的絶対性が存して」いるのであって、この点は「いはゆる未開民族に就いても何ら変りがない」とまで断じている。[12]

こうして、「特殊的世界史」が「民族と民族との連関より構成せられる世界の世界史」として導入され、「特殊的な世界と世界とを構成員とする世界の世界史」である「普遍的世界史」から区別される。[13] 『世界史の哲学』において、ヨーロッパ中心主義の原理的批判を可能にし、一般に一元論的歴史観――「世界史の唯一性」の想定――の批判から「歴史的世界の多数性」の主張へ進むことを可能にしているのは、ほかならぬこの二つの世界史の区別だといってよい。

新たな世界史の理念は歴史的世界の多元性から出発することを要する。歴史的世界を一つと考へる思想は、自己の特殊的世界をそのまゝ普遍的世界と同一視する無自覚乃至独断に陥るを免れない。ヨーロッパに於ける世界史の観念には、多くこのやうな主観的見解が流れてゐた。それは近代世界史のヨーロッパ的性格より由因せる一つの独断的見解であるといふことができる。単にヨーロッパに限らず、特殊的世界にそれぞれこのやうな見解が存することは免れ難いであらう。現在の我が国にも日本の世界への素朴な連続的拡張を考へようとする思想的傾向が存している。……併しこのやうな無自覚的独断を正面から打破つて、歴史的世界の一元論を強く否定せしめつゝあるのが、現在の世界史の状況そのものに外ならぬのである。(14)

ここでの高山の態度は明確である。ヨーロッパ中心主義の「無自覚的独断」が告発されねばならないのは、それにとって代わる別の歴史的一元論が真であるからではない。「ヨーロッパ以外にも随所に見出される」すべての歴史的一元論が斥けられるべきなのであり、したがって、「支那の中華思想や天下思想」も、そして、「現在の我が国」に見られる「日本の世界への素朴な連続的拡張を考へようとする思想的傾向」も例外ではありえないのである。ヨーロッパ中心主義の代わりに日本中心主義をもってくるような「世界史の唯一性」の主張は、『世界史の哲学』においては、特殊的世界史の普遍化不可能性という「中心思想」からして禁じられているはずなのだ。

しかし、「普遍的世界史」の概念はどうなのか。この概念の存在は、高山が結局は「世界史の唯一性」を想定せざるをえなかったことを示しているのではないか。

たしかにそうである、ととりあえず言っておこう。とりあえず、というのは、たしかに「普遍的世界史」である以上、そこにある種の「唯一性」があることは事実なのだが、高山の前提からすれば、それはけっして単純に一元論的なものではありえないからである。たしかに「普遍的世界史」の概念は、『世界史の哲学』において、単に諸特殊的世界の相互関係を示すという消極的なものではなく、現代にいたって初めて成立した「一種の統一性をもつ世界史的世界」、「真実の意味に於ける〈世界史的世界〉」を指示するという積極的意味をもたされている。ただそれは、すでに「歴史的世界の多数性」の自覚に媒介されている以上、少なくとも、「自己の特殊な歴史的世界の原理をそのまゝ連続的に延長拡大して、普遍的原理でもあるかの如く考へる一元論[15]」であることはもはやできないのである。その「普遍的世界史」が、はたして「全人間世界にとってはひとつの歴史しかなく、しかもその歴史にとってはひとつの主体しかない」と言われるようなものになりうるかどうか。日本がその唯一の主体として、「全アジアだけでなく西洋をも支配するよう運命づけられている」ようなものになりうるかどうか。かりにもしなりうるとしたら、どんな意味でなりうるのか。これらの問いに答えるためには、つぎに、高山が彼の言う「現在の世界史的状況そのもの」を、具体的にどう把握しているのかを見ておく必要がある。

たとえばこうである。

現今の世界史上の大動揺、世界史の大転換がもたらさうとしてゐるのは何であるか。私はそれを、ヨーロッパ世界に対して非ヨーロッパ世界が独立しようとする趨勢或は事実であると考へるのである。十九世紀の末葉乃至二十世紀の初頭にかけて、殆どヨーロッパ世界に内在化せしめられたかのごとく見えた非ヨーロッパ諸国が、我が日本を先達として漸次この内在化より脱却し、それに超越的な存在性を示しきたつたこと、それによつて従来端的に「世界」と考へられてきたヨーロッパ世界が、実は一つの近代的世界に過ぎぬことが意識せられ来り、ヨーロッパ世界そのものの近代的な内的秩序が崩壊の期に達したことを、現代の世界史的大転換が示してゐると考へるのである。このことは、非ヨーロッパ世界がヨーロッパ世界と漸次対等の存在性を要求し来つたことを意味し、従つてこゝに、近代的世界とは異なつた秩序と構造とをもつ現代的世界が、或は真実の意味に於ける「世界史的世界」が、初めて成立の端緒についたことを意味するものに外ならない。(16)

したがって、「真実の意味に於ける〈世界史的世界〉」とは、「近代的世界とは異なった秩序と構造とをもつ現代的世界」であり、ヨーロッパ中心的な世界秩序が崩壊して、非ヨーロッパ世界がヨーロッパ世界に対する「超越的な存在性」を、すなわち一種の他者性を示しはじめた世界である。「普遍的世界史」の構造はこの意味において、むしろ複数の「特殊的世界」の分裂ないし分離によって特徴づけられるのであり、それらの融合や「同質化」、「人類文化の一様化」、唯一の普遍者の支配といったものによって特徴づけられるのではない[17]。ところで高山によると、このような近代的世界の崩壊の機縁は、実は当の近代的世界の成立過程そのもののうちに潜んでいたのであって、近代ヨーロッパの歴史は「普遍的世界史の先史の意義を有する[18]」という点に注意しなければならない。

高山も、ヨーロッパという特殊的世界の歴史と普遍的世界史を同一視することは強く拒否するにもかかわらず、やはり「近代世界史のヨーロッパ的性格」についてはこれを認めないわけにはいかない。事実、ロシアとアメリカ合衆国を含む西洋列強の帝国主義的膨張は、今世紀の初頭には全地上を覆い尽くす直前までいったのである。「ヨーロッパ世界の非ヨーロッパ地域に対する涯しなき拡張」、「世界の滔々たるヨーロッパ化」――このような「驚くべき事実」の上に近代世界史は成立している、と高山は記している[19]。この「世界の滔々たるヨーロッパ化」は、たとえばこのわずか数年前にフッサールが『ヨーロッパ諸学の危機と超越論的現象学』(一九三六)で語っていた「他のあらゆる人間性のヨーロッパ化[20]」(die Europäisierung aller fremden Menschheiten)と必ずしも同じではない。後者が「無限の理念」の力によるヨーロッパ化、「絶対的意味の支配」(das Walten eines absoluten Sinnes)としてのヨーロッパ化であるのに対して、前者は、「西欧的な機械技術、西欧的な近代科学、西欧的な個人主義法制、西欧的な政党的議会主義」といった「ヨーロッパ文化の世界的普及」を伴ってはいるものの、根本的には「植民地化」を「基礎」とし、「近代資本主義の発展」を「動因」とするものとして説明されるからである。[21] ところが、高山によると、まさにこの近代資本主義経済の発展のなかにこそ、ヨーロッパ中心の近代的秩序の崩壊と、現代における普遍的世界史成立のきっかけとなる契機が含まれていた。というのも、それは単に非ヨーロッパ的な特殊的世界の孤立的並存を暴力的に終わらせたというだけでなく、逆説的にも「ヨーロッパのヨーロッパ外に対する依存性」を帰結することになったからである。[22] ヨーロッパ諸国の資本主義的生産力が増大すればするほど、原料についても生産手段についてもその資源をヨーロッパ内部に仰ぐことはもはや不可能になり、ヨーロッパ外の地域に求めるほかはなくなってくる。そしてやがては、ヨーロッパそのものの生存がヨーロッパ外を離れて維持しえないという段階に達するのである。構造的外部あるいは〈可能性の条件〉としての寄生的なもの。もしくは、主人と奴隷の弁証法。高山は、「ヨーロッパの世界的膨脹が必然的にヨーロッパの世界依存性を帰結し来つた」というこのパラドックスのうちに、近代ヨーロッパの「奇しき運命」と「世界史の転回が生ずべき傾向」が認められるという。[23]

しかしながら、真に現代的な「世界史的世界」が出現するためにはこれだけでは十分でない。以上に加えて、非ヨーロッパ世界が世界のヨーロッパ化に対して抵抗すること、ヨーロッパ的な世界秩序から独立しようとすることがぜひとも必要である。ここで高山は、ヨーロッパの世界支配に対して強い抵抗を示したのはアメリカでもアフリカでもなく、アジアであり、アジアのなかでもとりわけ東アジアであったことを強調する。「支那」はその「長い中華意識の伝統」によって、日本は「国体を根幹とする強固な国家意志と民族的矜持」によって、ヨーロッパ諸国による植民地化をあくまでも拒否した。[24] さらに、近代世界史の巨大な転回を成就し、真に普遍的な現代世界史の形成を可能にするためには、ヨーロッパ的世界秩序に単に「抵抗」するだけにとどまらず、これを積極的に「否定」する行動に出なければならない。高山によると、それができたのはまさに日本であって、けっして「支那」ではなかった。したがって、「世界史成立の第二の要因」は、つまるところ「ヨーロッパの世界支配に対する日本の自主的否定の活動」[25]にほかならないことになる。この決定的な点に関して、日本と「支那」とを区別したのは何か。それは、具体的にはヨーロッパ的近代化への選択であり、さらにそれを可能にするだけの「精神的自主性」の強さであった。

支那は国家統一の困難と徒な中華思想とによつて、国家の体制に根本的な改新を加へることがなく、軍事上、技術上、ヨーロッパ的なるものを移植することがなかつた。然るに我が国の国民精神はこの点で著しく異なり、早く維新を遂行して国家の旧体制に根本的改新を加へ、軍事上、技術上、ヨーロッパ的なるものを移植することに躊躇せず、国家の総力を以てヨーロッパ風の近代国家の建設に進んだのである。……東亜の植民地化に最も強い抵抗を示した我が日本が、新たにヨーロッパ風の文化を移植するということは、単にそれだけみれば甚だ矛盾した不可解な現象である。併しこゝに実は世界史にとつて重大な意義をもつ現象が存するのである。我が国に於ても欧米諸国の強圧に対する対抗は、一面に於て神国観念を基礎とした攘夷意識より出発した。併しかゝる主観的感情のみを以ては、未だ欧米に対抗し得る強国化の実際政策は成立し難い。この実際策は愛国の情熱が冷静な理性的態度と結合するところに成立する。欧米に対抗し、欧米と比肩し得る実力を具備するためには、彼らが武器とし、彼らの実力を構成してゐるものを、我もまた備へるより外ない。……このやうに強い精神的自主性を有するが故に、却つて自由にヨーロッパ文化の摂取を試み得たところに、支那と異なる我が国の独自な精神的特質が存する。この精神的特質の現実に現れた結果は日清戦役の勝敗であつた。(26)

西洋の覇権に対するもっとも強い抵抗、すなわちそれに対する「自主的否定の活動」が、軍事的、技術的、科学的、経済的、等々の面でもっとも西洋化した国家、日本によってのみ遂行されえたという「甚だ矛盾した不可解な現象」。しかしそれは、やはり「世界史的に重要な且つ奇しき意義を有する事実」なのだ。したがって、現代世界史の成立は二つの歴史的パラドックスの結果であるということになる。すなわち第一に、ヨーロッパの世界的膨張が、ヨーロッパがおのれの支配下においたと信じた諸地域へのヨーロッパの依存性を帰結したこと、そして第二に、ヨーロッパの世界支配の否定が、もっともヨーロッパ化された他者からのみ起こりえたこと。

第二のパラドックスを分析してみよう。その内容は、明らかに、高山が日本に対して二重の要請を課さねばならなかったことに対応している。すなわち、一方において、日本はヨーロッパ化されてはならない。なぜならそうでなければ、日本はヨーロッパの他者ではなくなり、ヨーロッパの世界支配に挑戦する権利を失うからである。しかし他方において、日本はぜひともヨーロッパ化されねばならない。なぜならそうでなければ、日本はヨーロッパの世界支配を否定する実力をもつことができないからである。要するに、日本はあくまでヨーロッパの他者であり続けながら、ヨーロッパ化しえたのでなければならない。自己の本質をけっして損なわれずに、それを純粋無傷なままに保持しながら、同時に、ヨーロッパを近代世界の覇者たらしめた「ヨーロッパ的なるもの」を、すなわち「彼らの実力を構成してゐるもの」を、ヨーロッパの独占を排して最高度にわがものとしなければならないのだ。

一読して明らかなように、高山はここで最終的には「精神」の概念に訴えている。だが見逃してならないのは、彼がその前に、ある目立たない仕方で周到に議論の地ならしをしていることである。すなわち、日本のヨーロッパ化は、「経済上、軍事上、技術上の諸般に亙つて」「ヨーロッパ的なるもの」を「移植」することによって行なわれた、と高山は言うのだが、彼はこのことを指摘するのに先立って、「一般的な欲求や知性の原理に立脚する経済や技術や科学は、発生の地域や民族を離れて何処にも移植せられる国際的普及性を有している」と述べている。[27] また、さらにそれに先立ち「文化的世界の構造」一般を論じた部分では、そもそも「文化といふものは伝播せられ、移植せられて行くもの」であり、「伝播性や移植性」こそ「文化の大きな特性をなすもの」であって、「文化に世界史といふものが存する」のも「この根拠に基く」と言う。「技術は技術として伝播せられ、思想は思想として伝播せられ、法律は法律として伝播せられる」。「文化の伝播は或は民族の移動と共に起き、或は征服や侵略などに伴つて行はれるが、民族自体の移動や混淆を離れて、文化そのものとしても伝播して行く」。そして、このように「文化が文化として伝播せられる所以」は、まさに「文化といふものがその形成の主体や地域から独立し得る観念的存立性をもつところにある」と言うのである。(28) 実際、もしこのような「伝播性や移植性」がなかったら、文化は永遠に自己自身の根のなかに閉じ込められ、他者に対して絶対的に閉ざされたままにならざるをえないだろう。文化的形成体一般は、そのイデア的対象性（ideale Gegenständlichkeit）のゆえに、特定の経験的主体やコンテクストに縛られない汎時間性（Allzeitlichkeit）をもつ、というフッサールの議論も想い出される。ところで、もしそうだとすれば、こう言ってもよいのではなかろうか。すなわち、経済、軍事、技術など、ヨーロッパがおのれの「武器」とし「実力」としているもの、ヨーロッパを近代世界の覇者たらしめた「ヨーロッパ的なるもの」は、実はけっして固有に「ヨーロッパ的なるもの」ではない。たとえその経験的起源――「発生の地域や民族」――においてはヨーロッパ的だとしても、原理的にはそこから「離れ」、「独立し」て、「何処にも移植せられる」一般的なものであり、したがって、現実には脱ヨーロッパ化され、他の「地域や民族」のものとなることが避けられないものなのだ、と。そして、そうであるかぎり、近代的な経済、軍事、技術などを独占することで成り立っていたヨーロッパの世界支配は、早晩、他の「民族や地域」がそれらのものをわがものとした時点で崩壊せざるをえないのだ、と。〈西洋の没落〉の根本原因のひとつは、まさに西洋の覇権を支えていた文明装置そのものの本質的な移植可能性、伝播可能性にあり、このいわば根こぎ（déracinement）の本源的可能性、散種（dissémination）と引用（citation）と反復（itération）の可能性にある。[29] かくして高山は、「後進国も漸次先進国に追ひついて行くのは当然の成行」であり、「ヨーロッパ中心の世界秩序は、政治上も経済上も当然崩壊すべき必然的運命をもつ」と断定することができるのである。[30]

文化の「移植性」ないし「伝播性」の観念は、つきつめていくと、およそいっさいの文化についてその「固有性」を語ることの不可能性を導く。どんな「地域や民族」も、またどんな「特殊的世界」も、何らかの文化を絶対的に自己固有化（s'approprier）することはできないのであり、疎外＝他有化（aliénation）なしの文化を考えることはできないのである。問題は、このことの帰結をどこまで引き出すか、またどのような仕方で引き出すかにかかっている。たしかに高山も、文化の「移植性」ないし「伝播性」の観念から、単に「近代文明」の装置をヨーロッパが独占し続けることの不可能性を引き出しているだけではない。彼はまた、そこに「民族文化」が「国際的な世界文化」に発展していく「根拠」があり、民族文化そのものが自己との「距離」を媒介としてしか発展しえないかぎり、民族文化発展の「根拠」もまたそこにある、と述べている。「民族文化が民族の生活に直接に結びついて、生活と文化との間に距離がないならば、自分の文化を客観的に批判することも、この文化の批判を媒介として生活そのものを批判することもあり得ない。生活も文化も単に伝統的な存続性を保つのみで、そこに飛躍的な発展も創造も生じ難いのである」[31]。だが、にもかかわらず、高山はこの「移植」による〈根こぎ〉の可能性に対して、結局は恣意的な歯止めをかけないわけにはいかなかった。なぜなら、もしそうでなければ、たとえば日本の「強固な国家意志と民族的矜持」の「根幹」をなす「国体」のうちにも、近代化の必要から「移植」した「西欧的な政党的議会主義」といった「政体」と同じ資格で、抹消不可能な散種や引用の可能性を認めねばならないだろうからである。「国体」もまた、文化として「移植性」や「伝播性」を本質的にもつことを認めれば、それと「その発生の地域や民族」との本来的なつながりは失われ、その絶対的「固有性」――「国体の独自性」[32]――の観念は崩壊し、「国体」の仮構性(フィクショナリティ)が否定しえなくなって、それが――適宜変更を加えれば(mutatis mutandis)――いついかなる場所にも現われうるものでしかないこと、模倣可能であると同時にすでに何ものかの模倣であるかもしれない可能性を排除することはできなくなる。したがって、高山はどうしても、「国体の不変と政体の変化」あるいは「政体の変遷に超越した国体の姿」といったテーゼを導入せざるをえない[33]。「皇室中心の国家的精神」が、「我が国の文化及び文化を貫く精神」の「可変的な周辺」に対する「不動の中心」であり、「他の東亜諸民族と著しく違つてゐる」ばかりでなく、一般に「他国のそれ〔文化および文化的精神〕に比べるとき」に見出される「著しい特徴」であり、したがってまた、「他国からは理解せられ難い我が国の独自性」ないしは「特殊性」であって、要するに、「移植性」や「伝播性」をまったく絶したものだと言わざるをえないのである。[34]

「精神」とはまさに、文化の根底で「移植」に最後まで抵抗するものの名称である。よりくわしくいえば、「移植」の限界＝境界(limite)を支配・統御し、それが十分に強力であるときには、一方では、他からの「自主的」で徹底した「移植」をみずから遂行し、他方では、自己をけっして「移植」に委ねない――他からの「移植」によって自己を失わないと同時に、自己自身のもとも「固有」なものの「移植」を許さない――もの、そういうものの名称なのだ。「支那と異なる我が国の独自な精神的特質」は、「強い精神的自主性を有するが故に、却つて自由にヨーロッパ文化の攝取を試み得た」ところにある、と高山は言う。日本はその「固有の精神的自主性」によって、ヨーロッパ列強と肩を並べるのに必要なすべての「ヨーロッパ的なるもの」をみずから最高度に「移植」しながら、この他なるものの侵入によく堪え、この他なるものから自己の本質をいささかも汚染されずに持ちこたえ、むしろ他なるものを単なる「媒介手段」としつつ、あくまでヨーロッパの他者として、ヨーロッパを「否定」することができたというわけである(「日本人は固有の神々の信仰をもち、固有の神話をもち、固有の国体を守護しようとする。そしてこれは如何なる新しい文化や生活の様式がはいつて来ても、決して失はないのである」)。[35] リオタールが指摘していたように、ここで幅をきかせているのは「力」の観念、精神の「力」という観念である。ちょうどヘーゲルの歴史哲学において、「精神的に無力」(geistig ohnmächtig)なアメリカ先住民文化が、「ヨーロッパ精神」の「息吹」（Hauch）に触れるやいなや消滅せざるをなかった、と言われるように、高山の〈世界史の哲学〉においても、文化の生死を最終的に分けるのは、精神の「力」の強弱にほかならないわけである。(36)

高山の〈世界史の哲学〉は、ヘーゲル、フッサール、ある時期のハイデガー等と同様に、歴史哲学として同時に「精神」の哲学でもある。しかし、この「精神」の歴史哲学は、「理想主義的精神史観」の抽象性を批判し、「世界史の自然的基体」――「地理的空間性」と「血と性」に基づく「種族的連続性」(37)――を重視するかぎりでは、フッサールにもっとも遠く、ヘーゲルには近づくが結局みずから袂を分かち、ある時期の――三〇年代半ばの、ととりあえず言っておこう(38)――ハイデガーにもっとも近づくように思われる。高山によると、「主体とは単に精神的なる主観ではない。精神的・身体的なるものが真の主体である」。だから、「歴史性の本質たる主体的行動性」は、「身体を媒介とする精神と自然との綜合に外ならぬ」のであって、この意味において「人間の歴史は大地の上に、大地と結びついてのみ行はれる」のである。(39) 民族や国家の「精神」もまた、本来「精神と自然との綜合」であって、「単に精神的なものでなく、生命的・精神的なもの、即ち精神的な生命力をもつもの」である。(40) 世界史を自由の理念の実現過程と考えたヘーゲルも、「世界史に地域性が内面的関係をもつこと」を認め、民族を「大地の子」と称したが、しかしその「理想主義的・唯心論的哲学」のゆえに、民族や国家の「精神的な生命力」を十分に考慮することができなかった。それに対して、ランケのいわゆるモラリッシェ・エネルギー

（moralische Energie）の概念は、まさにそういう「精神的な生命力」を、つまり「根源的な道義的生命力そのもの」を意味している、と高山は言う。もちろん、ヘーゲルの「精神」が生命を欠く「単に精神的なもの」であるかどうかははなはだ疑わしいが、自然から精神への上向よりはむしろ精神の「自然的基体」を強調する点に、高山独自の特徴があることは、たしかに認めることができるだろう。

精神は、「外的自然」（「地理的空間性」）と「内的自然」（「血と性」）に基づく「種族的連続性」のうちに「自然的基体」をもち、おのれの「道義的生命力」をつねにこの「根源」から汲み上げてくる。したがって、この「根源」との生き生きしたつながりを維持する精神、根づいた精神は強力であり、逆にこのつながりを喪失し、「単に精神的なもの」となった精神、根を失った精神は弱体であるということになる。文化もまた当然そう考えられるから、ここから「観念的文化」に対する高山の激しい告発が生じる。「生命力を失った文化は病的である。単なる精神的文化や合理的文化は既に文化の頽落であり廃頽である。大地を離れ民族を離れた観念的文化は、文化そのものの死滅に向つてゐる。健康な文化は大地の精力と生命の息吹とをもつてゐる。……歴史上、多くの民族や国民は、このやうな「生命力を失った」精神病的思想に倒れて滅び、或はその回復から蘇生して新たに発展した。滅亡か否かの危機を克服するものは、常に清新な活力をもつ倫理的・精神的な生命力である」[41]。日本が「今日」、世界史的役割を果たしうるあの「強い精神的自主性」をもつのも、日本の「国民精神」にこうした「モラリッシェ・エネルギー」が横溢しているからであり、また日本の「国民精神」に「モラリッシェ・エネルギー」が横溢しているのは、その「不動の中心」がつねにおのれの「自然的基体」に養われ、「国土」と「国土」が可能にする「血縁的統一性」に強く結ばれているからである。

我が国では皇室中心の国家的精神がこのやうな不動の中心をなしてゐる。そして社会や文化の面では実に生々たる変化発展を行つてゐる。こゝに他の東亜諸民族と著しく違つてゐる点がある。併し、この社会や文化の面における国民精神を更に深く見ると、内実は時代々々で変つても、可なり不変な形式的側面の存することに気がつくのである。そしてこの側面に私は我が国の国土から養はれた精神的特性を見出し得ると考へるのである。……国民文化はすべてその国土から生れ、その国土の特性と融合してのみ優れたものを形成してゐる。社会の特質もその発展の様式も、文化の様式もその発展の性格も、国土の自然環境に依存し、それと調和したところに成立するのである。そしてこのとき他の追従し得ない優秀なものが形成せられるのであり、こゝに尚ぶべき国民の文化的精神が成立するのである。文化は常に大地に結びついたものである。大地から離れた単に観念的唯心的な文化は、常に不健全であり病的のものである。優秀な文化は天人合一の境に生まれる。健全な国民精神は天人合一の境から養はれる。我々は日本の国土が日本の国民精神・文化的精神と離れ得ない関係をもつことをよく考へなければならぬ。(42)

こうして高山は、「自然と人間との呼応的合致」を意味する「天人合一」を「優秀な文化」の条件とし、日本の「モラリッシェ・エネルギー」の根源を、その「国土と合一した国民精神」に求めていくことになる。

さてしかし、多くの問題を後回しにするとしても、ここで次のように問わないわけにはいかないだろう。すなわち、さきに見た「文化的世界の構造」論からすれば、「経済や技術や科学」ばかりでなく、すべての文化は文化であるかぎり、「その発生の地域や民族を離れて何処にも移植せられる」ということを「大きな特性」とするはずであった。そしてそれは、「文化といふものがその形成の主体や地域から独立し得る観念的存立性をもつ」ということにほかならず、この自己の起源との「距離」こそが、文化に「世界史」があり、「国際的な世界文化」があることの「根拠」であり、それどころか、「民族文化」そのものとしての「発展」があることの「根拠」でもあるはずだった。けれども、もしそうだとすれば、高山はどんな権利をもって、「大地を離れ民族を離れた観念的文化」を、文化の「頽落」であり、「廃頽」であり、「文化そのものの死滅」であると決めつけることができるのか。「大地」――「発生の地域」――を離れ、「民族」――「形成の主体」――を離れて、直接の「自然的基体」から「距離」をとり、必然的に「観念的」になることが文化の「病気」であるならば、「移植性や伝播性」をもち、「世界史」をもち、「国際的な世界文化」となったすべての文化、それどころか、「民族文化」として「発展」するすべての文化が——したがって、「実に生々たる変化発展を行つてゐる」と高山の言う「我が国」の文化も——実は「病気」であることになってしまうのではないか。あるいは、「天人合一」、「自然と精神との呼応的合致」、「国土と合一した国民精神」が日本の文化的精神の特色であり、「日本の国土が日本の国民精神・文化的精神と離れ得ない関係をもつ」というのが本当ならば、日本の文化的精神はおのれの「自然的基体」とのあいだにどんな「距離」をとることもできず、したがって、自分を「客観的に批判する」こともできずに、「単に伝統的な存続性を保つのみ」になってしまい、のちに見るような高山のあらゆる主張に反して、いかなる「世界史」的意義ももちえなくなってしまうのではないか。

要するに、この言説のアポリアは次の点にある。すなわち、みずから文化そのものの発展の本質的条件として認めたものを、今度は「文化そのものの死滅」の条件として指定しようとする、という点である。この言説は、文化のテロス——「合一」——を、文化のエイドス——「距離」——に反して、文化のエイドスの廃棄として規定しようと欲する。この意志を導くものが、日本の「世界史」的役割を、その「国民精神の独自性」から、つまりは「国体の独自性」から基礎づけようとする欲望であることはすでに明らかだろう。

この欲望の〈運命〉を見届けるためには、まだまだ多くの迂路を経なければならない。

2 反帝国主義と哲学的ナショナリズム

高山岩男の〈世界史の哲学〉は、日本を反ヨーロッパ中心主義の先端に置く。デリダが論じたように、近代ヨーロッパの自己表象が岬＝先端としてのキャップ（cap）の論理に貫かれているとするなら、ここでの日本は反キャップとしてのキャップ＝先端である。[43] ヨーロッパという岬＝先端、およびその「投射」としてのアメリカ（ヴァレリー）に太平洋を隔てて対峙する日本は、岬というよりむしろ「島国国家」なのだが、まさしくこの「国土の位置」が可能にした「精神」の独自性ゆえに、アジアで唯一ヨーロッパ風の資本主義的近代化を達成し、アジアの指導国家として、現代世界の形成において主導的役割を担うことになる。日本はアジアのキャップ＝先端、したがって、非ヨーロッパ世界のキャップ＝先端であり、まさにそのようなものとしてもうひとつのキャップ＝先端（l'autre cap）、他者のキャップ＝先端（le cap de l'autre）なのだ。

突破口を開いたのは日露戦争である。

日露戦役は実に世界のヨーロッパ化を不可能ならしめた一大事件である。換言すれば、近代ヨーロッパ史の根本趨勢を如実に否定し始めた最大の出来事である。次に日露戦役は東亜における安定勢力として、日本がもつ指導的地位を確実に現した事件であるといふことができる。日本は単に日本としてでなく、いはばアジア諸民族の代表者として、ヨーロッパに内在化せられようとするアジアの超越性を示したのである。……その中には既に東亜をヨーロッパへの内在化から解放し、やがて世界の近代ヨーロッパ的秩序を変更せしめる積極的意義が蔵せられてゐる。勿論、このやうな積極的活動が開始せられ、日露戦役によって課せられた指導国家としての責任を遂行するためには、我が国の総国力に於ける強大化の時期が必要であった。(44)

〈世界史の哲学〉は責任の言説である。高山は日露戦争の勝者である日本に、ひとつの「世界史的使命」(45)を指定する。ただしこの使命は、他者の責任、他者に対する責任であり、日本は「世界法廷」としての世界史において、西洋の他者からの呼びかけに応え、西洋列強の植民地支配から西洋の他者を解放する責任＝応答可能性(responsabilité)を負うというわけなのだ。(46)この論理に従えば、次の画期的一歩は満州国建設とそれに伴う国際連盟からの脱退である。日本はこれによって、「世界のヨーロッパ的秩序に対する否認の宣言」をしたのであり、「東亜並びに世界の新秩序建設に対する要請」をしたのである。「日本の国際連盟からの脱退は、ヨーロッパ大戦後にまで延長せられ来った近代世界史の趨勢に弔鐘を打ち、新たな世界観と道義に立脚すべき現代世界史の理念を告げる警鐘であった」(47)。日本の決起はやがて「支那事変」を経て、「大東亜戦争」という決定的段階に達する。

今日の世界大戦は決して近代内部の戦争ではなく、近代世界の次元を超出し、近代とは異なる時期を画さうとする戦争である。前のヨーロッパ大戦は、世界戦としては画期的のものであつたが、その根本性格に於ては近代内部の戦争であり、近代の延長たる性格を超出するものではなかつた。ヴェルサイユ講和会議で成立し、国際連盟で確保せられた世界の秩序は、近代世界の原理を超克した新たな原理に立脚するものではなく、近代世界の原理をそのまゝ連続的に延長してできたものに過ぎなかつた。二十年の疑似平和期を経て、今日再びヨーロッパ大戦が勃発したのも、思へばその深い病根はこゝにあるのである。それ故、今次のヨーロッパ大戦は近代に終焉を告げる戦争であり、またさうなければならぬ。このことは我が日本を主導者とする大東亜戦では極めて明白であつて、何らの疑義をも挟まない。満洲事変、国際連盟脱退、支那事変と、この世界史的意義を有する一連の事件を貫く我が国の意志は、ヨーロッパの近代的原理に立脚する世界秩序への抗議に外ならなかつた。昨年十二月八日、対米英宣戦と共に疾風迅雷の如く開始せられた大東亜戦によつて、旧き近代の世界秩序を打破し、新たな世界秩序を建設しようとする精神は、愈、本格的な姿を現し、これは今日の世界史の趨勢にもはや動かすべからざる決定的方向を与えるに至つた。(48)

第二次世界大戦わけても「大東亜戦争」は、近代を「超出」もしくは〈超克〉して、近代以後すなわちポストモダンを開く戦争である。近代世界が本質的に西洋の覇権によって秩序づけられていたとするなら、西洋の覇権の否定は必然的に〈近代の超克〉を、すなわちポストモダンの開始を意味する。日本は世界史のこの決定的転換の「主導者」であり、もうひとつのキャップとして、すなわち他者のキャップ、西洋の他者のキャップとしてそうなのである。

もちろん、〈近代の超克〉のモチーフは、同時代の文脈にあって高山にのみ固有のものでもなければ、高坂正顕、西谷啓治らを含む〈世界史の哲学〉グループにのみ固有のものでもない[49]。だが高山の特徴は、これらのうちにあって、〈近代の超克〉が〈文明開化〉との訣別によってではなくその徹底によってのみ可能であることを、もっとも明確に理論化した点に認められよう。すでに見たように、高山においてヨーロッパ近代の普遍化への要請は二重である。第一に、近代的秩序が崩壊するためには、ヨーロッパが普遍化して「世界依存的」にならねばならなかった。第二に、近代的秩序が真に転覆されるためには、近代文明の装置の日本への徹底した「移植」が必要であった。一方、高山において〈近代の超克〉とは、何よりもまずヨーロッパ中心の世界秩序とその原理としての自由主義的世界観の廃棄を意味する。したがって、ヨーロッパ的「近代化」が「精神」を侵さず、主として「経済上、軍事上、技術上」の「移植」にとどまるかぎり、「近代化」の徹底によって〈近代の超克〉を志向することは高山にとって何ら矛盾ではなく、日本がとるべき「独自な方法」[50]でさえあることになる。

〈近代の超克〉あるいは〈ポストモダン〉の開始としての「大東亜戦争」。では、それがもたらす「新たな世界秩序」とは何か。そしてそれを支える「新たな世界観と道義」とは何か。〈ポストモダン〉の世界、すなわち「近代的世界とは異なつた秩序と構造とをもつ現代的世界」とは何か。

> 第一次大戦はヨーロッパ列強の帝国主義的争覇の結果であつた。第二次大戦はイギリス及びアメリカの維持せんとするこの帝国主義に対する闘争である。従つて、そこには新たな世界観と新たな道義的理想とが貫いてゐる。この新たな世界観と道義的理想とは、我が国とドイツ、イタリアとでは未だ必ずしも同じとはいへないであらう。我が国は歴史的伝統と地域的特殊性に結びついた各民族各国家が、それぞれその所を得ることを以て、新たな世界秩序を建設すべき道義的原理となし、これを中外に宣言してゐる。この道義的原理は近代ヨーロッパの自由主義や個体主義の形式倫理とは意義を異にし、従つてまた世界観を異にするものである。ドイツ及びイタリアのとるべき世界新秩序の原理も、畢竟はこれと同様のところに帰着するに至るであらうと思はれる。[51]

第二次世界大戦とりわけ「大東亜戦争」は、「帝国主義に対する闘争」であって、「帝国主義的争覇」ではない。帝国主義とは高山にとって、近代ヨーロッパの構成原理である「自由主義」から必然的に帰結する「弱肉強食による不平等の権力的事実」であり、「政治権力の拡張や領土の拡張といふ意味に於ける」「観念」である。自由主義はこの否定的な「事実」を、「意志自由の原理に立つ人格主義的な形式道徳の理念」によって規制し是正しようとするが、結果は「無内容な倫理的理想と権力横行の事実との結びつかぬ並在」でしかなく、「何ら世界の恒久平和をもたらすべき実質的な道義的力を有し得なかつた」。ヴェルサイユ体制も国際連盟も、その実態は依然として「ヨーロッパの世界支配といふ権力的事実」を出るものではない(52)。

実現されるべき世界秩序は、したがって、何よりも「弱肉強食による不平等の権力的事実」を根本的に廃棄するものでなければならない。それは高山によれば、「各民族各国家がそれぞれその所を得る」ような世界である。一部のヨーロッパ列強が弱者たる非ヨーロッパ世界を権力的に支配する世界ではなく、各民族各国家がおのれの「歴史的伝統と地域的特殊性に結び」つきながら、それぞれにふさわしい独自の〈場所〉を得るような世界である(53)。ところが高山にあっては、すでに見た通り、どんな民族どんな国家も「特殊的世界」における他の民族、他の国家との関係のうちでしか形成されえない。したがって、各民族各国家が「所を得る」ことができるためには、その条件として各特殊的世界が、その歴史的伝統と地域的特殊性に結びつきつつ「所を得る」のでなければならない。ヨーロッパはヨーロッパの、アジアはアジアの、東アジアは東アジアの、西アジアは西アジアの……等々、それぞれがそれぞれの「所を得る」のでなければならない。かくして「大東亜戦争」は、何よりもまず、アジアとヨーロッパをその本来の〈場所〉に還す戦争として現われるだろう。初めに見た「特殊的世界」の概念が、そのもっとも具体的かつ積極的な意義を得るのはこの地点においてである。

> アジアとヨーロッパとが新たな自己形成を試みつゝある現代世界史の根本趨勢には、或る意味で特殊的世界への自己形成の傾向が現れてゐる。アジアは自主的なアジアへ、アジアのためのアジアへ自己自身を形成しようとする。ヨーロッパ外的要素を有した嘗てのヨーロッパは、漸次ヨーロッパ的ヨーロッパへと形成せられるに至るであらう。……特殊的世界は明瞭に封鎖的自足性を傾向としてもつものであつて、経済上の自給自足性、政治上の共同連帯性、人種上、民族上の類似的親近性、文化上・運命上の共同的親縁性等（或はその何れか）を基礎とするものである。そこに明白に地域的・風土的な特殊的共同性と、歴史的・運命的な特殊的共同性とが基礎となつてゐる。たゞこの基礎に対する自覚の有無が、即ち特殊的世界の成立が自然的な成立であるか自覚的な建設であるかに、過去の特殊的世界と現代の特殊的世界への傾向との根本的な相違が存している。そしてこゝに地理的・歴史的な現実的事実性を無視して、単純に個体の自由契約を模型として構想せられた近代世界の理念とは全く異なるものが、現代世界の構成理念の中に見出されるのである。[54]

「特殊的世界」の理論は一種のブロック理論といえる。「今日の世界史の支配的傾向である広域圏、或は特殊的世界の確立」は、「いはゆるブロック経済の傾向の中に端を発してゐた」と高山は見る。現代の「特殊的世界」はブロックとして、しかも単なる経済ブロックとしてではなく、同一の経済的、政治的、歴史‐地理的システムに共属する諸国家のブロックとして具体化する。「現代的世界」は、もっとも巨視的に見ればアジアとヨーロッパの二大ブロックに自己形成を遂げつつあるが、しかしより具体的に見れば、ヨーロッパ、アメリカ、ソヴィエト連邦、東アジアの四極が主要なブロックとなりつつある、と高山は考える。[55] 彼が、近代とは異なる現代にいたってはじめて真の「普遍的世界史」が成立し、「真実の意味に於ける〈世界史的世界〉」が形成されつつあると言うのも、アジアとヨーロッパあるいは四極としての「特殊的世界」が、今はじめてそれぞれの「所を得」つつ相互に関係しあうという〈弁証法的〉な状況が生まれてきたからである。東アジアのブロックとはすなわち〈大東亜共栄圏〉であり、「大東亜共栄圏」こそもっとも典型的な「特殊的世界」である。高山岩男の〈世界史の哲学〉、とりわけその中心にある「特殊的世界史」と「普遍的世界史」の区別は、きわめて正確に、「大東亜共栄圏」を理論的に正当化することに照準を合わせている。そしてこの「共栄圏」の理念は、高山の帝国主義批判、反帝国主義の論理にとって不可欠の役割を担う。なぜなら彼によると、「共栄圏」は近代的意味での「国家」でないばかりでなく、どれほど似ていようとけっして「帝国」でもありえないからである。

現代国家がその生存上特殊的世界の建設を必要とし、国家と特殊的世界とが離るべからざる密接な関係を有するといふことは、やがて現代国家をして従来の国家概念には盛り切れぬも

> のとしてくるであらう。……近代国家の主権概念を以ては、広域圏や共栄圏の如き特殊的世界も、この世界に於ける現代国家も基礎づけることができない。特殊的世界は国家ではなく、国家の連合でもない。また近代的意味に於ける帝国でもない。特殊的世界は一面から見れば、依然として多数の国家より成るところの歴史的世界である。たゞこの世界は地理的・歴史的・経済的な連帯性や人種的・民族的・文化的な親近性を基礎として、その上に緊密な政治的統一性をもつ世界であることが要求せられてゐる。そしてこの政治的統一性は或る国家を指導者として構成せられることが現実的に要求せられ、そこにはいはゆる主権の質的分割と新たな配分的組織とが必要となつてくるであらうと思はれる。……現代に於いては、自主的な契約的結合によるものではなく、さりとて権力的な強要による結合でもなく、却って地理的・運命的な共同的連帯を基礎となしつゝ、而も新たな道義的原理によって結びつける特殊的世界が考へられなければならぬ。(56)

高山の帝国主義批判は一貫している。主著においてもその他においても、〈世界史の哲学〉は反帝国主義の論理そのものとして呈示されており、この点に関して彼が軌道修正することは最後までけっしてなかったと言ってよい。特殊的世界を「広域圏」ないし「共栄圏」として形成する場合、特定強国による「政治権力の拡張や領土の拡張」があってはならず、「弱肉強食による不平等の権力的事実」があってはならず、「権力的強要」があってはならない。「イギリスの海上帝国」に代表されるヨーロッパ列強の「近代帝国」のように、「自己の利益のみを中心とする近代的な功利主義的権力秩序の思想」に立って、「搾取」をこととする「植民地帝国」となってはならない。[57]「大東亜共栄圏」の建設において日本が「指導者」となるのも、この国がその旺盛な「モラリッシェ・エネルギー」によっていち早く「近代を完成」し、「ヨーロッパの帝国主義の攻勢を挫いた唯一の国民」だからであって、その目的は、「ヨーロッパ諸国の東亜進出以来東亜の英米的秩序に冒瀆された我々の世界を回復し、米英のための東亜でなく、東亜のための東亜を建設する」ことにあり、日本が欧米に代わって東アジアに覇を唱え、新たな「植民地帝国」を形成することにはない。[58]「共栄圏」の「共栄は利益の立場でなく、道義の立場でのみ成立する」のだから、日本の勝利によって実現される世界は、「大東亜共栄圏」内部においては東アジア諸民族諸国家にそれぞれその「所を得」させ、「普遍的世界」においては各特殊的世界にそれぞれその「所を得」させるものでなければならない。「今次大戦の勝敗の独自性」もここにある。なぜなら高山によれば、「我々は勝利という観念に於ても従来の功利主義的な勝利の観念を棄てなければならぬ」からである。「大東亜戦争」は、アジアや世界における日本の覇権が確立されたときに終わるのではなく、「敵国米英が我が新秩序思想を納得し(或は納得せしめられ)、我が東亜新秩序を承認し、彼もまた新秩序を構成せざるを得なくなつた時に終る」のである。[59]帝国主義的秩序の解体と「万邦をして所を得しむる」世界新秩序の構成は、「大東亜戦争」の戦争理由(causa belli)そのものである。「現在の我が国」に見られる「日本の世界への素朴な連続的拡張を考へようとする思想的傾向」も、高山にとっては、日本が「中外に宣言」した「道義的原理」からして斥けられねばならないのだ。

確認しよう。以上のような反帝国主義の論理からするかぎり、高山岩男の〈世界史の哲学〉においては、日本が唯一の主体として「全アジアだけでなく、西洋をも支配するよう運命づけられている」（リオタール）ようには見えない。なるほどそこには「世界史の唯一性」の承認があるとしても、それは複数の「特殊的世界史」がそれぞれその「所を得」た「普遍的世界史」のそれであって、近代世界史が「ヨーロッパ的同質化」ないしは「ヨーロッパ的原理による支配」のゆえに唯一であったのと同じ仕方においてではない[60]。また、なるほどこの世界史においては、日本が決定的転換の「主導者」としての役割を果たすとしても、それは世界史において「主体性というものは共有できないから」（リオタール）というわけではなく、日本は一方ではドイツ、イタリアと「共に新たな世界史の趨勢を強化する主体」であり、他方では、「独り日本の国家総力戦に止まるものではなく、東亜共栄圏の共栄圏総力戦たるべき」戦争を、すなわち「東亜諸民族の共同責任においてこれを完遂すべき」戦争、「戦争の本当の主体といふもの」が「〈共栄圏〉になつてゐる」戦争を闘っているのであって、まさにそれゆえに、この戦争の結果は、むしろ「主体性」の「共有」の世界、「ヨーロッパとアジアとを対等に包む客観的な世界」となるはずなのだ[61]。これらのすべては、日本がキャップではあっても他者のキャップであり、ヨーロッパ型のキャップの論理を原理的に免れた「主導者」であることを言うために開発された論理であって、これらの点を顧慮せず、〈世界史の哲学〉に近代西欧的な「帝国主義的哲学」の単なる反復しか見ないとすれば、一面的とのそしりを免れることはできないだろう。

もちろん、以上は事柄の半面である。高山の反帝国主義がどれほど一貫したものであろうと、他方ではまた、〈世界史の哲学〉が日本のアジアへの「帝国主義的」侵略を正当化する「帝国主義的哲学」となったことに異論の余地はない。いや、「他方では」というのは正確ではない。というのも、この哲学が「大東亜戦争」を正当化するように見えるとすれば、それは、その反帝国主義の論理にもかかわらずではなく、まさにその反帝国主義の論理によって、そのおかげでだからである。〈世界史の哲学〉の反帝国主義の論理は、実はこの哲学の「帝国主義的」帰結から切り離しうるようなものではけっしてない。世界の再ブロック化と「大国」日本の世界政治への再登場が云々される今日、その「先見性」を「帝国主義的」逸脱から区別して救いうると考えられるようなものではけっしてない。〈世界史の哲学〉は、まさにそれが掲げる帝国主義批判の原理、すなわち、「各民族各国家がそれぞれその所を得る」という「道義的原理」によって世界史を我有化する。自己への回帰を批判することによって、自己へと回帰するのである。

功利の次元を越えた高き道義的秩序の原理は、各民族をしてその所を得しめる指導の原理として、我が国が主唱すると共に優れて我が国に存する原理である。近代原理の矛盾の渦中より新たな原理を求めつつもがいてゐる今日の戦争は、当然かかる道義的原理に来らざるを得ないのであって、ここに日本原理は時を得て世界原理に高まり得るのである。大東亜戦争を転機として世界的日本は日本的東亜、日本的世界を建設する指導的立場にまで突き進むに至つた。この日本世界がアングロ・サクソン的世界の如く功利の次元で構成せられる世界でなく、道義の次元で構成せられる世界であることはいふまでもない。近代世界はヨーロッパ風が一色に塗り潰すやうな世界であつた。このことはヨーロッパ近代の原理が功利的・理智的のものであつたことに由来してゐる。……道義的世界原理はかかるものとは異なり、各民族本然の優秀さを生かし、相違の根柢に深奥な統一性を実現するやうな働きでなければならぬ。ここにも相違と同一とが相互交徹する総力戦と同一の構造が見られるのであって、このやうな構成に存することが「所を得る」ことであり、このやうな構成を造ることが「所を得しめる」ことに外ならない。……ここに於て始めて日本的世界が日本を指導的中心としながら、各民族それぞれ所を得て、真実の共栄に達することが可能となる。(62)

「真実の共栄」とはこのようなものである。「大東亜共栄圏」とは実は「日本的東亜」にほかならず、「アジアとヨーロッパとを対等に包む客観的な世界」とは実は「日本的世界」にほかならない。日本の勝利によって実現する世界は、もはやいかなる帝国主義的支配もなく、「各民族それぞれ所を得た」多元的世界であることになるのだが、しかしこの世界の多元主義が、「我が国が主唱すると共に優れて我が国に存する原理」であるかぎり、この多元的世界は多元的なまで日本的な世界となる。多元的であるがゆえに日本的な世界となる。高山はここで、けっして「日本の世界への素朴な連続的拡張を考へようとする思想的傾向」に譲歩しているのではない、ということに注意しよう。「日本的世界」が「日本的」であるのは、「近代世界」が〈ヨーロッパ風が一色に塗り潰すやうな世界」であったのとは本質的に異なるのだから、〈日本風が一色に塗り潰すやうな〉仕方によってではありえない。そこでは「各民族社会や民族文化がそれぞれその所を得て存続すべき」であるし、「大東亜共栄圏」においても、「東亜文化」は「決して一様の色彩に塗り潰された文化でなく、なお各地の風土自然の特質に適へる独自な文化」であり、この「民族的特質」はどこまでも「尊重すべきもの」なのである。[63] ところが、この多元主義を完全に維持したまま、高山の哲学的ナショナリズムは、いわばメタレヴェルにおいて自己を肯定する。一民族、一国家、一特殊的世界による一元的支配を廃した多元主義そのもの、このいわば現代世界の〈超越論的〉原理そのものを、「我が国が主唱すると共に優れて我が国に存する原理」として、日本に独自の、固有の、本来的な（本来日本的な）原理だとして自己固有化する。「各民族各国家がそれぞれその所を得た」多元的世界そのものに、日本という固有名、一〈国民国家〉の固有名をもって署名するのだ。

「大東亜戦争」に勝利しても、日本は「功利主義的」な意味では何一つ獲得しない。ただ、あらゆる「民族的・国家的利己主義」が廃棄された世界に自己の名前を書き込むことによって、世界の〈真理〉となるのである。それはあたかも、日本が「自己を否定して世界となる」かのようであり、「他の主体を否定して他を自己となさんとする」のではなく、「主体として世界を包む」かのようである。ところで高山にとって、「各民族各国家をして所を得しむる」ことが「日本原理」であるのは、もちろんそれが日本の「国体」に示された原理だからにほかならない。したがって彼は、ついには「日本の国体が真理である」と宣言するにいたる。[64] 日本の「国体」は、ただ単に日本に独自の、固有の、本来的な伝統として、他民族・他国家のそれぞれ独自な伝統と同位対立的な原理であるばかりではない。それは、あらゆる民族・あらゆる国家の独自の伝統がそれぞれその「所を得」たときに、おのずから「世界原理」であることが明らかになるような〈超越論的〉「真理」でもある。もしも日本の「国体」が、単に他民族・他国家の独自の伝統と同位対立的でしかなかったら、「日本原理」が「世界原理」に高まるためには、自己と対立する他のすべての伝統の他性を否定し、それらの「独自性」を抹消しなければならないだろう（「日本の世界への素朴な連続的拡張」）。ところが逆に、それは「相違の根柢に深奥な統一性を実現するやうな働き」であり、「多が多として自主的に存立しつゝ而も一たる如き」「絶対無」としての「真の普遍の姿」を現わすがゆえに、すべての対立者を超えてすべての対立者に「所を得」させる「真実の調和」の原理たりうるのである。[65] ここでは、ナショナリズム（日本主義）とインターナショナリズム（世界主義）はけっして矛盾せず、それどころか相互に強化しあう。日本は日本的になればなるほど世界的になり、世界は世界的になればなるほど日本的になる。日本が普遍的世界の「指導的中心」になるのも、こうして〈超越論的〉「真理」を自己固有の原理として体現しているからにほかならない。「指導」とは、「対者より高き真理の立場に於て対者を悦服させること」であり、「対立を越えた高き立場にして始めてよく対立者に所を得しむることができる」のであるが、「かかる絶対至高の立場が我が国体のみの如実に示すところであるはいふまでもない」というわけである。[66]

「日本の国体が真理である」以上、すなわち、「真の普遍」ないし〈超越論的〉「真理」を体現するのが「我が国体のみ」である以上、真の「東亜」は「日本的東亜」でしかありえないし、真の世界は「日本的世界」でしかありえない。ここに見られるのはまぎれもなく、おそらくすべての哲学的ナショナリズムが反復することになるだろう「範例性」(exemplarité)の論理である。[67]もうひとつのキャップの論理、他者のキャップの論理は、ここではほかならぬ反キャップの論理であることによって、キャップの論理に競り上がる。〈超越論的〉「真理」を「絶対無」として、「真の普遍」を〈無的〉普遍として呈示することで、この論理は最終的に自己と西洋形而上学との差異を示そうとするのだが、結局それは差異としておのれを呈示する反復なのである。

〈世界史の哲学〉はまた、その「真理」の観念を介して一種の政治神学の素描に手をつける。一方において、普遍的世界の「指導的中心」たる日本の世界政治は、カール・シュミット流の「政治の範疇を敵・味方とする如き思想」[68]によってではなく、対立を超え出た〈超越論的〉「真理」によって導かれる政治である。それは「世界の秩序を力づくで決めるのでもなく、又形式的な平等思想で取扱ふのでもなく、今日の世界史的状況から見て指導力のある国が、さうでない国を指導して開発するといふような」政治であり、「世界史的自覚」をもつ国、つまり世界史の「真理」は「絶対無」であり、「一と多との相則相入」であり、「各民族各国家がそれぞれその所を得ること」であると自覚した国が、そうでない国を「指導して開発する」ような政治である。「指導するといふことが真理の本然の働きで、指導力のないものは真理ではない」。かくして高山は、「真理」の政治としての「哲人政治」という形而上学的モチーフを反復することになる。(69) 他方において、日本の「国体」が「絶対無」たる〈超越論的〉「真理」を体現するということは、それが単なる権力的存在でないことはもとより、権力と対立する倫理的存在でもなく、究極的には権力と倫理との対立を超えた「絶対至高の」次元、「神」的次元につながっていることを示している。

我が国の国体は権力と倫理との相対的次元に存するものではなく、それを一歩超越した絶対的のものに存するのである。……我が国において、国体は他の原理から演繹せられたり、導出せられたり、説明せられたり、基礎づけられたりするものではない。……むしろ逆に国体はそれ自体において絶対の事実であり、絶対の原理であって、権力も倫理もこれに規定せられるのである。このやうな絶対唯一の事実的原理に、我が国の国家の他と異なる個性がある。我が国が我が国たる所以はこの原理に基くところに存するのである。およそ対立の立場を超えたもので、よく対立の立場をも生かすことができる。……このやうな独自性をもつ我が国の国家の理念を、いま神国国家と称するならば、……我が国の神国国家の理念の特性は、道義や権力を究極とせず、併しそのいづれの存立をも否認するのでなく、却つてそれらに真正な所を得しめる高次の超越的神聖を基礎とするところにある、と規定し得るであらう。(70)

「絶対無」の神学、あるいはむしろ無‐神学。「絶対無」は西洋形而上学的な絶対的存在者ではないから、「我が国の国体」がそれを究極の「真理」として体現するということは、西洋の「皇帝神聖説の如きもの」が「デウスに根拠を求める」こととは「性質が全く違ふ」。「我が国の国体」はその「神聖」さの根拠を他のいかなる原理に求めるのでもなく、それ自体が権力をも倫理をも超えた「絶対の原理」であることによって「高次の超越的神聖」をもち、「神的絶対性」(71)をもつのである。実際、もしも日本の「国体」が単なる権力的なものにすぎなかったら、それは「権力の上に立つ」「いはゆる帝国」しか造ることができず、「原理上種的な国家の強大なもの」にとどまり、「国家を包む類とはなり得ない」。「力に基く帝国は必然的に力によつて崩壊する運命を含んでゐる」。また、いわゆる倫理も「人倫」に基礎をおくかぎり、その「内実」は「種的社会の相違に応じて異なる」から、「これをそのまゝ類に連続的に拡大することは許されない」。いいかえれば、倫理はそれが「普遍妥当性」を要求するとき、「種的な人倫性を離れ、それを否定したもの」になってしまう。(72) したがって、日本の「国体」が「種的社会の相違」を生かし、「相違の根柢に深奥な統一性を実現する」ための原理でありうるのも、まさにそれが権力をも倫理をも超越した「絶対の類」を、つまり「絶対無」を体現し、それ自体として「神的絶対性」をもつからにほかならないわけである。

3　起源の忘却
——有限性と隠蔽

〈世界史の哲学〉の反帝国主義は、同時に日本の哲学的ナショナリズムの論理である。しかもこのナショナリズムは、単に日本のナショナルなものの防衛を説くのではなく、あらゆるナショナルなものと特殊的世界とに「所を得」させることをもって、メタレヴェルで世界の日本化を図る〈超越論的〉日本中心主義である。このナショナリズムの論理は、あらゆる他者の「尊重」を言いながら、その実あらゆる他者の自己への〈包摂〉をテロスとしているかぎり、すでに論理として「帝国主義的」である。それはメタレヴェルにおいて、〈超越論的〉「真理」の名において、「普遍的に〈自己〉の誘惑」であるような「〈他者〉の廃棄」（リオタール）を実践するのだ。

　この論理の「帝国主義的」帰結は、しかし、単に論理的なものだけにとどまることはできない。メタレヴェルあるいは〈超越論的〉レヴェルにおいて、〈自己〉による〈他者〉の廃棄が起こるというだけにとどまることはできない。〈世界史の哲学〉の反帝国主義の論理は、あらゆる事実上の「帝国主義的」実践——「政治権力の拡張や領土の拡張」、「権力的強要」、「植民地帝国」の形成など

――を禁じるにもかかわらず、不可避的に日本の「帝国主義的」実践を正当化することになる。すなわち、それを「追認し且つ合理化」[73]することになる。実際、すでに見たように、反帝国主義の論理は「大東亜戦争」の戦争理由(causa belli)そのものである。〈超越論的〉「真理」による「指導」すなわち「哲人政治」が、なぜ戦争でなければならないのか。「対立を越えた高き立場」から「対者を悦服せしめ」、「よく対立者に所を得しめる」はずの「真理」の政治が、なぜ古今未曾有の「総力戦」を避けることができないのか。それはまず何よりも、歴史においては純粋なメタレヴェル、純粋な〈超越論的〉レヴェルなどどこにも存在しえないからである。あらゆる超越論的哲学は、その真理の経験的〈身体〉を必要とする(経験的自我、世界、〈自然〉言語、等々)。ましてここでは歴史が問題になっているのである。超越論的「真理」の歴史は、どこか天上界(topos ouranios)にあるわけではない。それは事実的歴史の〈意味〉としてしか現われることはできない。〈超越論的〉「真理」の歴史的実現は、その「真理」を体現する現実の日本国家の実践を通して行なわれるほかはなく、その実践の〈意味〉として現われるほかはない。たとえその「真理」が「絶対無」であっても、このことに変わりはないのだ。高山自身が明確に認めている。「歴史的現実はすべて相対の次元を脱することができず、真の類は絶対無でなければならぬ。けれども、絶対とは相対を離れていづこに存するものでもない」。「世界史に顕現しないでは、凡そ絶対・永遠の顕現する場所はない。……歴史を超出せる絶対・永遠のものは、その故に却つて歴史を歴史たらしめつゝ、創造の業に即して歴史の随時随所に現成し、歴史を絶対・永遠の象徴とするのである[74]」。

具体的にはこうである。日本の「国体」に体現された〈超越論的〉「真理」は、本来「対立を越えた高き立場」から「対者を悦服せしめ」、「よく対立者に所を得しめる」ものでなければならない。ところが事実上は、現代世界の構図をかりに高山にしたがってもっとも単純な形に還元した場合でも、この「真理」は少なくとも、ヨーロッパないし「アングロ・サクソン」の原理である功利主義、自由主義、等々と根本的に対立している。〈超越論的〉「真理」の政治は、事実上は、「我が国の国家意志」と「英米の世界支配の意志」との「明瞭な対立関係」に直面せざるをえないのだ[75]。そして、「真理」の名によるどんな「説得」にも「対者」が応じないとき、それどころか、「冨力と武力」による「威圧」によって「露骨なる敵性」を示したり、「我が国の生存を危殆に瀕せしめん」とするようなときには、「真理」の政治は絶対的な限界に出くわす。この場合、もはや戦争は不可避であり、「権力的強要」も不可避であるから、残る途はこの戦争の「意義」を「真理」の戦争として「神聖化」することしかない。

戦ひは常に何らかの形で力の戦ひであり、対立の立場に於ける争ひである。単に思想的説得の態度で事が済むものならば、実力を以て争う武力戦に至る必要はないであらう。我が国は開戦直前まで米国に対して外交交渉を続け、能ふ限り思想的次元に於ける和解の道を講じた。而も彼には初めより和解の態度も交譲の精神もなく、その傲慢不遜なる優越感は遂に思想的外交的次元に於ける打開の道を塞いでしまつたのである。……我らは到底安易な意味を以て、敵国の指導などをいふは不可能であるといはなければならぬ。併しそれにも拘らず、我が戦争には深く指導の意義が潜むのであつて、ここに我が戦争が道義性をもつ聖戦たる所以が存する。我は正が邪に勝つ信念を持する者であり、彼らの秩序思想を破壊し、我が秩序思想が勝利を占むるを深く信ずるところがある。武力の行使そのものが止むに止まれずして出づるものであり、彼の好戦的態度とは類を異にしてゐる。武力の行使そのものが我にあつては彼の納得帰順を喚起する意義をもつのである。(76)

「武力の行使そのもの」が「止むに止まれずして出づるもの」であり、「彼の納得帰順を喚起する意義をもつ」とはいっても、これは武力の行使が「真理」の実現を目的とする単なる手段であり、戦争は必要悪であるという意味ではない。高山にとって、「歴史の建設行為」は目的－手段の功利主義的連関を超えており、「絶対無に直接する自己目的性」をもつ。(77)「大東亜戦争」はまさに「世界秩序の転換戦」であり、「世界観戦争」であって、真の世界を建設・創造する「真理」の戦争であるのだから、ここでは戦争そのものが「絶対性」をもち、「自己自身を神聖化する」と言うべきなのだ。

真の道義的生命力は却つて戦争の方にある。歴史の創造を否認する空想的平和主義は歴史への反逆であり、その深い根柢に於ては神への反逆としてそれ自体悪なのである。……真実の戦争とは単なる破壊の如きものではなく、同時に建設であり創造である。真実の戦争は単なる生存や権力の次元の闘争ではなく、同時に生存や権力の次元を越えた道義性を含むものである。それは空粗な平和論者や戦争讃美論者が考へる戦争よりは遥かに深い歴史の奥底より起るものである。戦争は必ずしも目的の倫理性によつて神聖化せられるものではない。戦争そのものが道義性を含み、道義の実現として、自己自身を神聖化するのでなければならぬ。道義的生命力の発現たる真実の戦争は目的や手段の範疇を越えて絶対性を有してゐる。(78)

「真理」の政治は「真実の戦争」の絶対化、「神聖化」に帰着する。「真理」の政治が戦争なしに自己完結しえないのは、「大東亜共栄圏」内部においても同様である。「大東亜戦争」が「真実の戦争」であるのは、何よりもまずそれが「東亜を欧米の桎梏から解放する戦争」だからであり、したがって、東アジアの諸民族・諸国家は、日本を「指導的中心」とする「共同の責任」において、「共栄圏総力戦」を戦うことが当然期待されている。「東亜諸民族が大東亜戦争の意義をよく了解し、共栄圏秩序の真義を理解し我が国また適切に指導して、その理念を実際の行為の上に示すならば、東亜諸民族は欣然共栄圏の建設に協力するに至るであらう(79)」。ところが、事実上はそうはならない。とりわけ「支那」は、本来「欧米の東亜支配の趨勢に対して」日本と「堅く提携して抵抗をなすべき運命を有する」にもかかわらず、「満洲事変及び満洲国の建設を転機として」

「侮日排日」を激化させ、「事々に欧米を動かして我が国に対抗する」始末である。たしかにここでは、「真理」は単に「指導力」に欠けているばかりでなく、純粋さにも欠けているように見える。なぜなら、「支那」の「侮日排日」は、「我が国の対支行動を以て帝国主義的侵略と解するところに発するもの」なのだが、「我が国の行動には一面でかゝる解釈を受くべきものが存してゐた」とも認めざるをえないからだ(80)。けれどもこれは、あくまで「支那」側の「解釈」にすぎない。高山によれば、日本の行動の本来の意図ないし真実の意義はけっして「帝国主義的」なものではなく、あくまで欧米の「帝国主義」に対する「闘争」であって、欠けているのはやはり「真理」でもその純粋さでもなく、「支那」側の「世界史的自覚」つまり「真理」への「自覚」なのだ。

我が国が支那分割を防遏するに努力しながらも、なほ日支の提携を阻害する如き行動に出なければならなかつたのは何故であるか。我々はこゝに悲しむべくして而も避け難い歴史的根拠が存していたことを認識しなければならぬ。それは実に我が国の経済の欧米に対する後進性の事実に外ならないのである。……我が国の経済は支那に対して発展し、ここに特殊権益をもつより外なく、而もこの特殊権益の維持は日本の生存に重大な意味をもつものであつた。それ故、支那分割を防遏しようとする我が国は、そのために強国たらざるを得ないと共に、強国たるためには支那に特殊権益をもち、この権益の擁護には真剣たらざるを得ない、といふ関係におかれていたのである。こゝに欧米に対して経済上後進国であった我が国の苦衷が存した。そしてこゝに日本の対支行動が一貫性を欠き、一面で支那を欧米に対して防禦しながら、他面で日本が欧米と同様の行動に出でざるを得なかつた根拠がある。……日本の世界史的使命の実現のために却つて欧米と或る程度の妥協を必要とせざるを得ず、日支の親密な提携を必要としながらそれが実現し得なかつたところに、日本のディレンマと苦衷とがあり、またひいて東亜の悲しき運命が存したのである。日本の世界に対する地位から由来したこの苦衷は支那の理解するところとならなかつた。支那は遂に現代世界史を貫き来つた根本趨勢に深く自覚するところがなかつたのである。(81)

かくして「支那事変」は不可避である。「日支の紛争は洵に遺憾極りなく」、「東亜内部における民族闘争は実に道義的頽落に外なら」ないが、「抗日論者が世界史の根本趨勢を悟り、大乗的な転換に出」てくるまでは、「真理」の「指導」が事実上「権力的強要」を伴うように見えるとしてもやむをえない。(82) この「運命」は「悲しむべくして而も避け難い」。「東亜の悲しき運命」を嘆くあまり、「真理」をないがしろにすることは許されない。「支那事変の目的が東亜恒久の平和を目標とする新秩序の建設にある」かぎり、「事変」は事実上は「東亜に於ける日支の紛争」であっても、「その本質上日本の英米に対する闘争であり、従つて一つの世界戦である」。「日本に対する当面の敵は支那」であっても、それは「支那の民衆」ではなく「政府」であり、「その背後に潜んでゐる」のは「英米」である。「支那事変と大東亜戦争は名称はともあれ実質上は決して別物ではない」のであって、これらは「真理」の戦争として一つであり、日本は「世界史的自覚」に立つ国家として、「支那」に対して「主権の質的分割と新たな配分的組織」を認めさせ、日本の「特殊権益」を認めさせ、「日本の国体が真理である」ことを認めさせねばならないのだ。[83]大東亜共栄圏とは、その構成国の主権が、日本の「指導」によって、また日本の「指導」のために、分割され制限される特殊的世界にほかならない。こうして〈世界史の哲学〉は、「さながら日本政府のスポークスマン[84]」よろしく、日本国家の「帝国主義的」実践をことごとく追認し合理化することになる。結局それは、「〈大東亜共栄圏〉にたいする日本の事実上の支配」(リオタール)を正当化する「帝国主義的」哲学となり、〈反帝国主義的〉な「帝国主義的哲学」となるにいたるのである。

「日本の国体が真理である」。この高山の宣言は、〈世界史の哲学〉が〈超越論的〉「真理」を経験的身体に書き込み、「各民族各国家にそれぞれその所を得」させる「一と多との相則即入」の原理を、日本に固有の、独自の、本来的な伝統として我有化するさまを集約的に表現する。どんな多元主義、他者や差異の尊重の思想も、その思想そのものが何らかのナショナルな伝統に同一化され、自己固有化されるなら、哲学的ナショナリズムの諸帰結をけっして完全には免れることができないだろう。この意味において、〈世界史の哲学〉が一応多元主義を理想としつつ、結局は「帝国主義的哲学」と化してしまった根本に、「近代国家」への批判と「共栄圏」理念への強い肩入れにもかかわらず、歴史的実践の基礎としての「国民的同一性」という前提が抜きがたくあったこともまた否定することはできない[85]。ところで、〈世界史の哲学〉が前提する日本の「国民的同一性」と、その根幹をなす「国体」というものの具体的内実を見るとき、そこにもう一つ、この哲学的ナショナリズムの見過ごすことのできないトポスが明らかになる。それは、一種の「血」の論理であるが、しかも高山はそれを、またしてもヨーロッパ流の「血」の論理に対する対抗論理として呈示しているのだ。

先にも触れたように、〈世界史の哲学〉は歴史の「自然的基体」として、「地理的空間性」と(性と血の)「種族的連続性」を想定している。とりあえず「外的自然」と「内的自然」に対応するこの二つの基体は、相互に密接に関連しながら「精神」の歴史の基礎として機能するが、高山によれば、「国民精神」の形成に重大な影響を及ぼすのは、まず地理的空間性に属する「国土の位置」である。同じ地理的空間性であっても、単なる「自然的環境」という意味での「風土」がまだ「多く自然的」であり、「前歴史的」であるのに対して、国土の位置は「密接に歴史と結びついてゐる」。「支那の歴史は陸地続きの大陸であるといふ地理的特性を離れては理解できず、ドイツ、フランスの如きは国境線をもって対峙する接壌国家たることを離れてその歴史なく、ポーランドは大国の間に挟まれてゐるといふ特殊な位置を離れてその運命は理解し得ない」。「国家の歴史は国土の位置を離れてはなく、また理解もすることができない」がゆえに、「位置は常に世界史的意義を有してゐる」と言えるのである。しかもこのことは、「我が国の国民精神の理解」にとって「特に重要な意味」をもつ、と高山は言う。なぜなら、日本の「政治的・文化的精神」の特性、そしてまた「我が国の国家観念の特性」は、この国が「アジア大陸の東端近くに位置する四面環海の島国」であるという事情を抜きにしては、けっして理解することができないからである。[86]「四面環海の島国」であるということが、どうして日本独自の国家観念を、つまり「国体」の観念を可能にするのか。それはまず何よりも、大陸からの海上距離によって交通が遮断され、「異民族の侵入や移動」が「実際に不可能」になり、「大陸からの武力的侵略」も「殆ど不可能」になる結果、「内的自然」である「種族的連続性」に関して、古くから「日本民族の血縁的統一性」が形成されたからである。「我が国では土着の人種と思はれる二三のものも早く大和朝廷に帰服し、一個の統一的な国民を形成して以来、遂に民族的な分裂や他民族との新しい混淆を起すことはなかつた」。「我が国では国民の形成が極めて古く、またそれが自然性をもつ」のであり、「この民族の自然的純粋性、民族と国民との同一性に、種における連続性の国民的信念が強固であつた所以がある」というわけである。[87]高山にとって、日本の「国民的同一性」の根底に日本民族の「血」の統一性があり、「血」の純粋性があることはここから明らかだが、当然このことは「国体」にとっても本質的である。なぜなら、日本が「万世一系の天皇の知ろしめされる国」であるということは、「皇室を国民の大宗家として尊崇する血縁的な親愛」[88]と不可分のことだからである。

皇室は万世一系の皇統として血縁的に連綿と連続せられてゐる。我々国民もその祖先を遡つて行けば、やがて血縁的に収斂し、遂には同祖同胞の関係に到達する。皇室は国民の大宗家である。天皇は国民の父母であり、国民は天皇の赤子である。(89)

この血縁的連続性は、「天孫降臨」の神話を介して「神」的次元に達し、先に見た「神国国家」の理念を基礎づけることになる。

国民の血縁的起原を遠く遡つて行くとき、国民は漸次同祖同胞の間柄に帰着して行く。神話は大八洲の国々も神々の産み給へるものとして、神・人・自然の間に同祖同胞の関係があることを物語つてゐる。皇室は国民の「おほやけ」であり、国民は神孫に扈従して共に建国の業に従つた者の後裔である。神人共同して日本の国家を永遠に建設して行く。——かういふのが国民の抱く共同の信念である。(90)

複数の国家が直接国境を接する大陸の「接壌国家」においては、「異民族の侵入や移動」が頻繁に行なわれ、国家観念の「発生起原」が他者との「対抗関係」にあるから、「武力的征服」(権力)を原理とする「覇道国家」か、その対立物たる「道義的支配」(倫理)を原理とする「王道国家」が、国家観念の基礎をなすことになる。そしてこの場合、「種族的連続性」(内的自然)の次元では、「支那や印度やヨーロッパ」に典型的に見られるように、民族の「血縁的統一性」は容易に成立しえず、「国民が多くの民族より組成せられたり、本来一つの民族たるものが多くの国民を形成したり」して、民族と国民との「同一性」も得られない。(91) これに対して日本では、その「島国的条件」のゆえに、皇室を「国民の大宗家」とする「血縁的統一性」および「民族と国民との合致」が成立し、国家観念の基礎が他者との「対抗関係」にではなく、「国民の血縁的起原」を直接さかのぼって「天孫降臨の神勅」に求められるから、権力と倫理との対立を超えてそれらに「所を得」させる「神国国家」の理念が、すなわち、「対立を越えた高き立場」から「よく対立者に所を得しめ」、「相違の根柢に深奥な統一性を実現する」「絶対至高の」「国体」の理念が確立された、というわけである。(92)

「血」の統一性、純粋性を「自然的基体」として成立する日本の「国体」。だが、ここで注意しなければならないのは、高山のこの「血」の論理が、いわゆる「人種主義」の論理から自己を区別し、むしろそれを批判することによって自己を主張している点である。人種主義とは「人種に歴史や文化の決定要因を考へる」思想であり、とりわけ「文化の様式上の相違を人種の相違に帰着せしめ、更に進んで文化の価値上の優劣を人種の素質の優劣に還元する」思想である。しかしこの思想は、一般に「生物的概念と文化的概念、価値的概念とを混同してゐる」点で根本的な誤りを犯している。皮膚の色、髪の色や性質、頭骨や額面の形態、身長の高低といった「肉体的類型」つまり「生物的自然的特性」と、言語、慣習、宗教、国民性といった「文化的内容」つまり「非生物(超生物)的な精神的行為的特性」とのあいだには、「何ら必然的な平行連関は存しない」し、「先天的素質」といふ観念は、「実体論的思考に基くか、その変形たる潜在・顕在の生物学的思考に基くものであつて、到底歴史の行動的創造性を把握し得る考へ方ではない」。人種主義は「全く無根拠」であるばかりでなく、「実は極めて危険」な思想なのであって、なぜなら、この思想には「ゴビノー以来」「政治的関心」が結びついており、「その根柢は畢竟ヨーロッパ人の世界支配の正当なることを弁護し、それを理論的に根拠づけようとするところに存する」からである。かくして高山は、「共に新たな世界史の趨勢を強化する主体」であるはずの同盟国、ナチス・ドイツが「国策」として掲げる「ゲルマン中心主義」をも厳しく指弾する。「フランス人種の如きものはない、あるものはフランス国民である。ラテン人種の如きものはない、あるものはラテン文明である。同様に、アーリアン人種の如きものもない、あるものはアーリアン言語である。周知のやうに、アーリアン人種なるものは、言語の研究から出発して、言語や神話などの共通性から、その存在が推定せられたものであるが、かゝる推定の極めて不確実且つ無根拠なることは明らかであらう」。人種間の「生存競争」や「弱肉強食」や「適者生存」などから歴史を捉えようとする「人種闘争史観」は、「生物界としての自然界」の法則を「人間の歴史的世界」に適用する点に致命的欠陥をもっており、「大東亜戦争やヨーロッパ大戦を人種闘争より見ようとすることが如何に愚劣な考であるか」も明らかである。もちろん、人種主義の誤謬は「如何なる人種の優越を主張しようと変りはない」。「白人謳歌の主張」が「許し難い」からといって、

「日本人種の先天的優秀性の如きを主張するわけにも行かない」のは当然なのだ。(93)

このように高山は、近代ヨーロッパ流の人種主義思想の知的混乱を突き、これに対して「生物的概念」としての「人種」、「文化的概念」としての「民族」、「政治的概念」としての「国民」をきちんと区別すべきであると言う。いいかえれば、高山にとっては概念的に区別することが肝心であって、「人種」概念そのものを廃棄することが問題なのではない。一般に人種として理解されている「肉体的類型」の構成は「極めて不完全」であるとしても、「人間社会の根柢」に「常に存続してゐる」「血族的連続体としての人種」の存在を否定することはできず、「このやうな生命基体がなければ、精神の自発性も発見せらるべき根拠を欠き、従つて歴史的現実なるものはあり得ない」のである。「人種主義や人種史観は誤れるとするも、歴史に自然的・生命的なものの働く余地を認めないことも、また誤つている」のであって、この点に「理想主義的立場の精神史観の誤謬」がある。「地理性を無視して歴史が把握できないやうに、人種性を無視しては歴史の正鵠な把握に達することが不可能」であり、このことは「凡そ世界史の理念を確立するために極めて重要な意味を有する」とさえ高山は言う。(94) 彼が、「世界史の理念」の核心をなす「特殊的世界」ないし「共栄圏」の基礎の一つとして、つねに「人種上」の「親近性」をあげ、また、「現代世界の構成理念」は「基体性の回復の意志」に貫かれており、「国家も社会も歴史的世界も、共に血や地の自然的基体性を、或は資源や位置の歴史的基体性を回復しようとしてゐる」と言うのもそのためである。(95) 要するに、「歴史は非歴史的な自然より始まると考える自然主義」も、「歴史は歴史的な精神より始まると考える理想主義」も、どちらも採ることはできないのであって、採るべきは「第三の高き立場」としての歴史主義、すなわち、歴史の「自然的基体」を重視しつつも、それが現実にはつねにすでに「歴史的基体」として現われるということを見失わない立場である。「生命基体」なしに人間も社会も歴史もないことはたしかだが、しかしこの基体はけっして「そのままの自然な姿で歴史的現実に存するもの」ではなく、「この自然が随所に姿を現すとき、それは既に歴史的形態をとって、歴史的世界の中に存してゐる」。「法律的・道徳的・経済的・宗教的諸要素と融合してゐないような血はない」。「血とは生理的な物質ではなく人間的な血縁である」。「生命基体は歴史的には常に血縁共同体の如き社会をなして存する」のであって、具体的にいえば、「民族」あるいは「国民」として文化的・政治的に規定されつつ存在しているのである。高山はこうして、最終的には「歴史的現実に於ける政治的なるものの根源性」を認める立場から、「自然的な血統的連続体」としての人種は民族・国民に対してもっとも抽象的な概念であり、根源的な国家の「生命基体」的な側面を「孤立的に抽出」したものにほかならない、と主張することになる。(96)

したがって、高山が日本国民の「血縁的統一性」を「国体」の基礎に求めるとき、彼が「人種」ないし「血」の概念の「自然主義的」使用に基づく「人種主義」的主張を意図しているのでないことは、ほぼ確かだろう。「日本人種の先天的優秀性の如き」を主張するわけにはいかないのだし、「肉体的類型」や「生理的な物質」としての「血」に関して日本国民の「統一性」を語ることにも、何ら積極的な意義は認められない。高山の言う日本国民の「血縁的統一性」は、あの「第三の高き立場」としての歴史主義的立場から、つねにすでに歴史的であるような人倫的統一性として語られているものと理解すべきだろう。このことを確認した上で、にもかかわらず、次の二つのことを指摘するのは容易である。すなわち、まず第一に、日本国民の「血縁的統一性」がつねにすでに歴史的であり、人倫的なものだとしても、それが過去をさかのぼれば「同祖同胞」に帰着し、他民族との「混淆」なしに発展してきたと言われる以上、この場合にかぎっては、歴史的・人倫的統一性は根源的・自然的統一性と事実上区別がつかず、だからこそ、「民族」およびそれと「同一」の「国民」について、その「自然的純粋性」を語る余地が出てくるということである。たとえ問題が「生理的な物質」としての「血」ではなく、「人間的な血縁」としての「血」だとしても、この「血縁」が、「極めて古い」「国民的統一」の達成以来、同一国民の内部でのみ維持されてきたとするなら、ここに「血」の「純粋性」が語り出されることはほとんど避けがたい成り行きだろう。事実、高山ははっきりと、日本はその「島国的条件」によって、「人種・民族・国民に於て殆ど一致し来つた」と述べている。[97] ここでは自然と人倫は「殆ど」区別がつかないのだ。第二に、このような意味での「血」の「純粋性」、「人種・民族・国民」の「一致」こそ、日本の「国民的同一性」に他国にはない特権性を付与する当のものだ、ということである。重要なのは「血」の「純粋性」であって、「血」の「先天的優秀性」ではない。「人種・民族・国民」の「一致」であって、「人種」の「先天的素質」ではない。[98] これらの「純粋性」

や「一致」こそ、「皇室を国民の大宗家として尊崇する血縁的な親愛」を可能にし、「万世一系」の「国体」とそれを中心とする「国民精神」の基礎となり、ひいては、世界を圧倒する「モラリッシェ・エネルギー」を横溢させる源泉となる。「優秀な文化」と「健全な国民精神」は「天人合一の境」から、「自然と人間との呼応的合致」から生まれる、という先に見た高山の主張は、ここにそのもっとも典型的な確証を見出す。ここでは「国体」そのものが、根源的・自然的なものと歴史的・人倫的なものとの同一性を表現しているからである。

一般に、多元主義は多数である「元」そのものの同一性を疑わず、むしろそれを前提する。「特殊的世界史」の「多数性」を説き、各民族各国家が「所を得た」多元的世界の実現を説く〈世界史の哲学〉が、日本の「国民的同一性」を「純粋」な「血」の「同一性」として前提したからといって、ことさら奇異なことだというわけではない。高山はこの「同一性」を、あたかも永遠のものであるかのように語っている。彼が当時の〈皇道哲学〉や〈皇国史観〉の偏狭な日本主義を暗に批判し、「国史」を「世界史的立場」から見るべきことを強調するときにも、日本の「世界性」は結局、過去についても未来についても、「外国文化」の「移植」を通して考えられているだけで、「血」の「同一性」そのものはつねに不変の聖域であることが前提されている。もちろん、このような「血」の「同一性」およびそれについての確信が、歴史的に相対的なものでしかありえないのは言うまでもない。たとえある時点までそれが実際に成り立っていたとしても、以後もそれが続くかどうかは疑わしい、というばかりではない。高山自身がどんな前提から、何を切り落として出発しているかを見るなら、「血」の「自然的純粋性」や「人種・民族・国民」の「一致」の主張が、どれだけ心もとないものであるかがわかるだろう。

日本民族の血縁的統一性は比較的純粋であると考へることができる。無論、日本も極めて古い上古に或は異民族が移動して来たとも想像されよう。たとひそれが認められるとしても、それは悠久な太古の事柄に属し、民族の記憶に残つた歴史時代の事柄ではない。いはゞ歴史以前の事柄に属するのである。朝鮮半島に膨脹して、そこに一つの共通な文化圏を形成したと想像される時代には、多少民族の混淆が行はれたかもしれない。併しこれも考古学の推定に属する上代であり、而も大きな部分に亙つたこととは思われない。存するものは帰化人があつたといふことだけである。とにかく、民族的記憶の残る歴史時代にはいつて後には、異民族の侵入や混淆の事実は見当たらぬのである。従つて、民族的統一はその起原が極めて古く、かつその同質性の程度は著しく高いと考へなければならぬ。(99)

したがって、「民族的記憶」の限界こそすべての前提である。「民族的記憶」の限界はここでは根拠づけの限界を意味せず、根拠づけの前提そのものとして機能している。高山は起源を根拠づけるべきその当の場所で、起源の忘却を前提にする。起源の忘却なしに起源を根拠づけることができないのだ。

注

＊ 邦訳書からの引用に際しては、訳語を変更させていただいた場合があることをお断りしておく。また、引用文中の〔 〕内は筆者（高橋）による挿入、傍点もとくに断りのないかぎり筆者のものである。

第一章 記憶されえぬもの 語りえぬもの

（1） H・アーレント『全体主義の起原3 全体主義』大久保和郎・大島かおり訳、みすず書房、一九八一年、二三六頁。
（2） N. Loraux, et al., *Politiques de l'oubli*, Seuil, 1988.
（3） E・レヴィナス『全体性と無限』合田正人訳、国文社、一九八九年、三五〇頁。
（4） 同書三七二頁以下。
（5） 同書三五〇頁。
（6）『全体主義の起原3 全体主義』二三六頁。
（7） 同書二二九、二三五頁。
（8） 同書二二四頁。
（9） 同書二三九頁。
（10） 同書二二四―二二五頁。
（11） 同書二二四頁。

（12）同書二二八頁。
（13）同書二二二頁。
（14）同書二六二頁。
（15）同書二二四、二二二頁。
（16）同書二二三頁。
（17）同書二七〇頁。
（18）同書二五四頁。
（19）アーレント『人間の条件』志水速雄訳、ちくま学芸文庫、一九九四年、とりわけ二四、二五、二七、二八節。
（20）同書とくに二七、二八節。
（21）アーレント『イェルサレムのアイヒマン』大久保和郎訳、みすず書房、一九六九年、一八〇頁。
（22）『全体主義の起原3　全体主義』二三二頁。
（23）〝純粋な〟絶滅収容所にはいずれも数十万の犠牲者数が帰せられているが、そのうちヘウムノの生還者は三人、トレブリンカとソビブールのそれは（末期に一斉蜂起があったため）それぞれ数十名であった（cf. A. Wieviorka, *Déportation et génocide, Entre la mémoire et l'oubli*, Plon, 1992, p. 184, E. Kogon, et al., *Les chambres à gaz, secret d'État*, tr. fr. par H. Rollet, Minuit, 1984, pp. 131, 167）。
（24）『全体主義の起原3　全体主義』二二八、二三二頁以下。
（25）同書二四五頁。
（26）同書二三二、二四〇頁。（H. Arendt, *Les origines du totalitarisme, III, Le système totalitaire,*

tr. fr. par J.-L. Bourg, et al., Seuil, 1972, p. 181.)

（27）同書二四四、二三二頁。

（28）A. Donat, *The Holocaust Kingdom*, Holt, Rinehart & Winston, 1965, p. 211.

（29）『全体主義の起原3　全体主義』二五三頁。

（30）S. Felman, "A l'âge du témoignage: *Shoah* de Claude Lanzmann", *Au sujet de Shoah, Le film de Claude Lanzmann*, Belin, 1990, p. 57. ちなみにこの論文は、もと英語で書かれ、J・エルテルの協力を得てランズマン自身によって仏訳された。英語原文からの優れた邦訳「声の回帰」（上野・崎山・細見訳、『批評空間』II－四、五、六号）があるが、ここではランズマン訳から引用する。

（31）*ibid.*, pp. 77-78.

（32）C. Lanzmann, *Shoah*, Fayard, 1985, p. 18.（C・ランズマン『SHOAH――ショアー』高橋武智訳、作品社、一九九五年、三四頁以下参照）

（33）*ibid.*, pp. 15-17.（同書二九頁以下）なお、ヘウムノの生還者は『ショアー』ではスレブニクとモルデハイ・ポドフレブニクの二名となっているが、ここでは注(23)に挙げた歴史書に従い、これにモルデハイ・ツラフスキを加えた三名としておく。

（34）P. Vidal-Naquet, "L'épreuve de l'historien: Réflexions d'un généraliste", *Au sujet de Shoah*, p. 202.

（35）C. Lanzmann, "Le lieu et la parole", *Au sujet de Shoah*, p. 295.

（36）ランズマンによると、この映画の企てを打ち明けられた「ごく親しい友人」ゲルショム・ショーレムは、「その映画を作ることは不可能だ」と語った（*ibid.*, p. 296）。

(37) *ibid*., p. 296.
(38) cf. E. Kogon, et al., *op. cit*., pp. 170-175.
(39) C. Lanzmann, *Shoah*, p. 62.（前掲書一二四頁）
(40) S. Felman, *op. cit*., pp. 79-81.
(41) C. Lanzmann, *Shoah*, p. 25.（前掲書四九頁）
(42) 〈絶滅〉の「表象＝上演＝再現前化不可能なもの」（l'irreprésentable）に最も忠実な作品として『ショアー』を評価するリオタールの議論を参照（J＝F・リオタール『ハイデガーと〈ユダヤ人〉』本間邦雄訳、藤原書店、一九九二年、六七―六八頁）。
(43) C. Lanzmann, "Le lieu et la parole", p. 294; C. Lanzmann, *Shoah*, p. 19.（前掲書三八頁）
(44) C. Lanzmann, *Shoah*, pp. 115-116.（同書二二九頁以下）
(45) *ibid*., p. 87.（同書一四三頁）
(46) S. Felman, *op. cit*., pp. 84-86.
(47) *ibid*., pp. 87-88.
(48) *ibid*., pp. 66-68, 74, 88, 121-129.
(49) *ibid*., p. 77.
(50) C. Lanzmann, "《Shoah》 et la shoah", *Archives d'un procès Klaus Barbie*, Globe, 1986, pp. 51-56.
(51) 生還者たちの「物語」がいかにしばしば「物語」への絶望の表明を伴うかについては、A. Wieviorka, *op. cit*., pp. 176-182 を参照。

（52） S. Felman, *op. cit.*, p. 78. リオタールは「アウシュヴィッツ以後」の「芸術」の意味を、「わたしはもはや物語を語ることすらできないのです、わたしにできることといったら、わたしがもはやあの物語を語ることができないということを語ること、ただそれだけなのです」という表現に託している（前掲書、一一四―一一五頁）。

（53） *ibid.*, p. 76.

（54） ランズマンは『ホロコースト』を「あらゆる点で堪え難い」と厳しく批判する。とくにこのドラマの「最も重大な侵犯事項」は、それが「ロマン」の意味での「フィクション」であり、ユダヤ人たちを「毒杯を仰ぐソクラテス」に仕立て上げ、「人を慰めるあらゆる同一化を許容するような観念的＝理想主義的映像」となっている点にある。これに対して『ショアー』は、「リアルなもののフィクション」であり、「絶対に人を慰めないもの」（tout sauf consolant）である（"Le lieu et la parole", pp. 295, 301）。アラン・レネの『夜と霧』が批判されるのも、一つにはそれが「観念的＝理想主義的」だからである（C. Lanzmann, "À propos de *Shoah*", *Shoah, Le film, Des psychanalystes écrivent*, Jacques Grancher, 1990, pp. 203-205）。

（55） C. Lanzmann, "Les non-lieux de la mémoire", *Au sujet de Shoah*, p. 289.

（56） S. Felman, *op. cit.*, p. 77.〈絶滅〉については「語ることとまったく同時に沈黙することが必要である」というランズマンの発言を参照（*ibid.*, p. 128）。

（57） R. Ertel, *Dans la langue de personne, poésie yiddish de l'anéantissement*, Seuil, 1993, p. 26.

（58） レーヴィによれば、ツェランの詩のメッセージは「〈騒音〉のうちに失われる」。「それはコミュニケーションではなく、言語でもなく、せいぜい混乱した不具の言語、われわれがみな断末魔のときにそうであるような、たったひとりで死んでいく者の言語にすぎない。しかし、われわれ生きている者はまさにひとりではないのだから、ひとりであるかのように書かないという義務を負う。われわれは生きているかぎり責任を負っており、自分が書くものに一語一語責任を負うべきなのだ」(P. Levi, "De l'écriture obscure", tr. fr. par M. Schruoffeneger, *Le métier des autres*, Gallimard, 1992, pp. 74-75)。このように言うとき、レーヴィに欠けているのは、ツェランの詩の証言力が、まさにレーヴィがそれに帰するところのものに、つまり「断末魔」の言語と化したところにあるのではないか、と問う視点であろう。

(59) S. de Beauvoir, "La mémoire de l'horreur", préface à *Shoah*, p. 9.(『SHOAH――ショアー』一八頁)

(60) S. Felman, *op. cit.*, p. 66. ランズマンの次のような言葉を参照。「神話化したり、神話的妄想に耽ったりすることは容易だが、反対にこの上なく正確でなければならないと考える」("A propos de *Shoah*", p. 202)。「ホロコーストは今日多くの点で伝説化し、神話的物語の諸次元をもつようになっている」が、「神話の固有性」とは「どんな歪曲の試みにも抵抗しない」ということだから、「ホロコーストに捧げられる映画は反‐神話(contre-mythe)でしかありえない」(C. Lanzmann, De l'Holocaust à *Holocaust* ou comment s'en débarrasser, *Au sujet de Shoah*, p. 316)。

(61) ファビオ・キャラメリは、アーレントの全体主義論を材料にして類似の論点を提起している。「判断する責任は、承認済みの規則に従う判断が不可能であることが明らかになるときこそ根本的かつ忌避不能な仕方で出現するのだが、同様に、物語る責務は、語られるべきもの、証言されるべきものがあらゆる言説の手の届かぬものとなり、途方もないものに触れるときに、断固たる回避不能な仕方で課されるのである」。彼によれば、ここにあるのは「完全に満たすことは不可能であるが、しかしこの不可能性によって無化されるのではなく、ある意味で強化され、新たな発展にもたらされるような要請」なのだ(F. Ciaramelli, "La responsabilité de juger", in: A.-M. Roviello, et al., *Hannah Arendt et la modernité*, Vrin, 1992, pp. 67-68)。

(62) S. Felman, *op. cit.*, pp. 66, 112.

(63)《歴史》の原-暴力としての〈われわれの現在〉については、拙著『逆光のロゴス——現代哲学のコンテクスト』(未来社、一九九二年)所収の「歴史　理性　暴力」を、「絶対的忘却」については同「テクストの解釈学」をご参照いただければ幸いである。

(64) S. Felman, *op. cit.*, p. 144.

(65) C. Lanzmann, *Shoah*, pp. 24-25.(前掲書四八頁以下)

(66) C. Lanzmann, "A propos de *Shoah*", p. 208; "Les non-lieux de la mémoire", p. 288. もっとも、この点についてはランズマン自身の解説(自己解釈)にも問題がある。『ショアー』は「過去と現在のあいだのあらゆる距離の廃棄」であり、「過去を現在として蘇生させ、それを非時間的現在性(actualité intemporelle)において復元すること」であり、「受肉」(incarnation)であり「復活」(résurrection)なのだと主張するとき、彼は結局のところ、不可能な「内部」の「現前」への欲望に譲歩してしまったのではないか(*Au sujet de Shoah*, pp. 66, 301, 316)。なお、出来事の「真の証人」は「死者」のみで、「生還者」の「物語」はいかにしてもこの距離を廃棄しえないとの認識は、プリモ・レーヴィなどにも見られる(P. Levi, *Les naufragés et les rescapés. Quarante ans après Auschwitz*, tr. fr. par A. Mauge, Gallimard, 1989, p. 82)。

(67) S. Felman, *op. cit.*, pp. 113-115.
(68) *ibid.*, pp. 109, 116.
(69) Interview accordée par C. Lanzmann à l'Université de Yale, citée par S. Felman, *op. cit.*, p. 107.
(70) S. Felman, *op. cit.*, p. 107.
(71) *ibid.*, p. 109.
(72) P・ヴィダル＝ナケ『記憶の暗殺者たち』石田靖夫訳、人文書院、一九九五年、一六九頁以下。
(73) ここで触れておきたいのは、注42、52で参照したリオタールの『ハイデガーと〈ユダヤ人〉』である。リオタールはこの書で、およそあらゆる自己決定と《歴史》的構成の手前にあって「忘却されたもの」を記憶し、表象不可能な「《他者》の法」の証人であり続ける者を「〈ユダヤ人〉」(《les juifs》)と呼び、ナチによる〈絶滅〉はこの意味での「〈ユダヤ人〉」を対象としたもので、だからこそ〈絶滅〉は「忘却され、消滅しなければならない」出来事として「政治の舞台裏」でのみ生じえたのだ、と主張している。しかし、「民族＝国民」(nation)から区別するために小文字にし、「政治的主体(シオニズム)」や「宗教的主体(ユダヤ教)」や「哲学的主体(ヘブライ的思考)」から区別するために複数にし、一般に「現実のユダヤ人との混同を避ける」ために括弧に入れたとしても、事実上「現実のユダヤ人との混同」なしに意味することはなく、むしろ意味するためにこの「混同」をたえず必要としている「〈ユダヤ人〉」という名で、ある範例的な「たましいの集団」をあらためて名ざすことに内包された諸問題を、リオタールがどこまで自覚しているかは疑問である。「意志と自己決定の西洋形而上学に対して、ひそかに、黙して、押しひしがれて抵抗することに関しては、ユダヤ人はその教訓を《書物》から得てきた。アイヌ人は大きな政治の犠牲者である。なぜなら彼らは血と土であり、その血と土は、ひとたび国家によって〈引き上げられる＝止揚される〉と、政治的舞台に属し、政治的悲劇の構成要素となるからである。〈ユダヤ人〉はその舞台で、追放され、追い散らされ、圧迫され、同化されてきたが、しかし彼らはもともとその舞台に属してはいないのだ。彼らは《書物》のなかに結ばれ書きこまれている、《他者》との《契約》《アリアンス》に属しているのである」(日本語版への序文、前掲書 ix 頁)。ここに見られる「ユダヤ人」と「〈ユダヤ人〉」との「混同」は、「アイヌ人」と「ユダヤ人」との隔たりをはしなくも際立たせているように思われる。「アイヌ人」は「血と土であり」、その「引き上げ＝止揚」ももう一つの「自然的なもの」(二一七頁)である「国家」によるものでしかないから、徹頭徹尾自然的でしかありえない。これに対して「ユダヤ人」は、「《書物》」との関係によって自然そのものから引き上げられる＝止揚されるから、「他の諸民族とは別の〈民〉」に、「他の諸民族のようにその領土と伝統(その空間と時間)をもつことはない」「他者の民」(五七頁)になる、というわけである。では、「日本」はどうか。リオタールにとって「日本」とは、一方では「アイヌ人」を「大きな政治の犠牲者」にした「自然的」国家であるが、他方では「わたしが世阿弥と道元を読みながら、いくばくか親しんだ思考」の名、すなわち「真の覚醒」に導くがゆえに「わたしの好む」「日本的な思考」の名である(xi頁)。すると、「真の覚醒」は「〈ユダヤ的〉」であるのか「日本的」であるのか。「〈ユダヤ的〉」でも「日本的」でもありうるものが、どうして「アイヌ的」ではありえないのか。「アイヌ人」の災厄が「大きな政治」の「舞台」での「政治的悲劇」に、すなわち表象可能な災厄に還元されるということを、〈われわれの現在〉はどこまで確実に知っているのか、等々。いずれにせよ、リオタールの議論には彼が「嫌っている」はずの「地‐哲学(géo-philosophie)的なもの」(一四頁)がそっくり含まれている。そしてそれは、彼がまずある種の「ユダヤ人」のもとに見出した「名づけえぬもの」の経験を、「名づけえぬもの」の無名性のほうへ突きつめるのではなく、その担い手にあらためて「〈ユダヤ人〉」の名を与えることによって〈再ユダヤ化〉した結果なのだ。「名づけえぬもの」に名を与えること。それはまたランズマンのしたことでもある。彼の『ショアー』以後、とりわけフランス語圏では、〈絶滅〉は一般にもはや〈全燔祭〉を意味するギリシャ語〈ホロコースト〉によってではなく、〈災厄〉を意味するヘブライ語〈ショアー〉によって呼ばれる。「だからわたしが名を与えたのだ」とランズマンは言うのである（"À propos de *Shoah*", p. 201）。

[補論]アーレントは《忘却の穴》を記憶したか

（1）ジャック・デリダ「パサージュ——外傷から約束へ」『現代思想』一九九五年一月号、六五頁。

（2）岩崎稔「防衛機制としての物語——『シンドラーのリスト』と記憶のポリティクス」『現代思想』一九九四年七月号、一七六—一八九頁。本書第一章「記憶されえぬもの、語りえぬもの——アーレントから『ショアー』へ」一—四〇頁。
以下、これらからの引用は本文中に頁数のみを記す。

（3）高橋哲哉「〈記憶の戦争〉に法はあるのか——ソール・フリードランダー編『アウシュヴィッツと表象の限界』を読む」『週刊読書人』一九九四年六月二四日号。

（4）H・アーレント『文化の危機』志水速雄訳、合同出版社、一九七〇年、一六頁以下。

（5）アーレント『暗い時代の人々』阿部斉訳、河出書房新社、一九七二年、二四五頁。

（6）アーレント『人間の条件』志水速雄訳、ちくま学芸文庫、四四頁。

（7）アーレントにおけるギリシャ、ローマの位置づけについては、Bernard Flynn, The concept of the political and its relationship to plurality in the thought of Arendt, in *Hannah Arendt et la modernité*, Vrin, 1992, pp. 111-123. および Barbara Cassin, Grecs et Romains: les paradigmes de l'Antiquité chez Arendt et Heidegger, in *Ontologie et Politique*, Editions Tierce, 1989, pp. 17-40. を参照。とくに前者は、アーレントにおけるギリシャ・ポリスの「準規範的身分」ないし「範例的身分」を、カント的「図式」、フーコー的「経験的‐超越論的二重体」、あるいは「理念型」等の概念によって検討しつつ、「古代ギリシャのノスタルジックな理想化」の要素を批判している。

(8)『人間の条件』二二五頁。

(9)アーレント『革命について』志水速雄訳、ちくま学芸文庫、一九九五年、四二、四四二頁。

(10)同書三五三頁以下。

(11)アーレント『歴史の意味』志水速雄訳、合同出版社、一九七〇年、八頁以下。

(12)『人間の条件』八二頁。

(13)同書一四九頁以下。

(14)『革命について』一四六頁。『人間の条件』七五頁。アーレント『精神の生活』上、佐藤和夫訳、岩波書店、一九九四年、二三頁。

(15)代表的な箇所として、『人間の条件』第二章、『革命について』第二章、『暗い時代の人々』所収の「暗い時代の人間性——レッシング考」等を参照。

(16)『人間の条件』二九三頁。

(17)同書四六頁。『歴史の意味』五九頁。『精神の生活』上、一五二頁。

(18)この辺りについては、とくに『人間の条件』第三節、第二七節等を参照。

(19)『人間の条件』一〇九、三三〇頁。

(20) 同書三〇二頁以下。

(21) 同書三一二頁以下。

(22) 『精神の生活』上、八五頁。アーレントの物語論に、英雄主義的要素を払拭した「新たなヒロイズム」を見ようとするのはフランソワーズ・プルーストである。だが彼女にしても、「新たなヒロイズム」をいう以上、「主人公」「ドラマ」「筋立て」(intrigue)といった諸要素を強調せざるをえず、結局は、「かならずだれか一人が生き残って見て来たことを語るだろう」というあの確信、「パロールの終わりなき不断の伝承」への確信を表白する。Françoise Proust, Le nom du héros, in *les Cahiers de philosophie*, n°4, 1987, pp. 183-198. cf., Proust, F., Le récitant, in *Ontologie et politique*, pp. 101-116.

(23) トゥキディデス『戦史』中、久保正彰訳、岩波文庫、一九六六年、二一〇頁。ちなみに、邦訳者も訳注でナチスによる「ユダヤ人惨殺」との比較を促している。

(24) 前掲書八三頁。

(25) トゥキディデス『戦史』上、久保正彰訳、岩波文庫、一九六六年、二三二頁。

(26) 同書二三一頁。

(27) エルンスト・カントロヴィッチは、「中世政治思想における〈祖国のために死ぬこと〉」のなかでペリクレスの葬送演説に触れ、「古代的な〈祖国のために死ぬこと〉の近代における情緒的な再評価」、その新たな装いのもとでの「回復」ないし「取り戻し」について語っている(E・H・カントロヴィッチ『祖国のために死ぬこと』甚野尚志訳、みすず書房、一九九三年、三頁以下)。

(28) N. Loraux, *L'invention d'Athènes, Histoire de l'oraison funèbre dans la《cité classique》*, Mouton

Editeur, 1981, pp. 3, 42, 98, etc.

(29) 『精神の生活』にこういう一節がある。「偉大な行為が美しく賞賛に値するということの理由は、それが国家や民族に貢献するということではなくて、もっぱら〈exclusively〉〈不滅の名声を永遠にうちたてる〉ことなのである。ディオティマがソクラテスに指摘するように、〈もし徳〔aretē〕に関する不滅の思い出がわがものになるだろうと思わなかったら、アルケスティスがアドメトスのために死んだり、アキレウスがパトロクロスのあとを追って死んだりするだろうか〉」(上巻、前掲書一五五頁)。だが問題はまさに、「不滅の名声を永遠にうちたてる」ことと都市国家に貢献することとが、けっして排他的(exclusive)ではなく、しばしば一体であったという点にある。『饗宴』の引用も、葬送演説が「すぐれてアテネ的な言説」であり、その伝統においては徳(aretē)は「まず第一に軍事的」で、祖国のために死ぬ「美しい死」を意味したこと、『メネクセノス』等に見られるように、プラトンはむしろこのポリスの伝統への批判者であったこと(N. Loraux, *op. cit.*, pp. 68, 73, 98-100, 108-109, 169, 268-274, etc.)等を考えれば、例として適切とはいえない。しかも、ここでアーレントは不思議なことに、プラトンが原文で挙げている例のなかから、一命を捨てて祖国アテナイを救ったともいえるコドロスの例を省略して引用している(プラトン『饗宴』久保勉訳、岩波文庫、一二〇―一二一頁)。

(30) N. Loraux, De l'amnistie et de son contraire, in *Usages de l'oubli*, Seuil, 1988, pp. 23-47.

(31) この認識は当然、『全体主義の起原』第三巻のあの〈記憶の伝統〉の把握をも問題化する。アテナイ民主政にも「完全な忘却」への罠があったとすれば、「アキレウスはみずからヘクトールの埋葬におもむいたし、専制政府も死んだ敵を敬ったし、〔……〕」といった例を挙げて、西欧世界は「その最も暗黒の時代においてすらも」「追憶されることへの権利を殺された敵にも認めてきた」ということは、過去の「忘却の政治」の思うつぼにはまることかもしれないのだ(アーレント『全体主義の起原3』大久保和郎・大島かおり訳、みすず書房、二五四頁)。

(32)『人間の条件』三〇三頁。

(33) 同書三〇四頁。

(34)『文化の危機』二〇八頁。

(35)『革命について』一一一頁。

(36) アーレント『精神の生活』下、佐藤和夫訳、岩波書店、一九九四年、二九〇頁。

(37)〈アウシュヴィッツ〉の特徴を「政治的、悲劇的、劇的な舞台」の上では「上演＝表象＝再現前化されえない」という点に求めたのは、『ハイデガーと〈ユダヤ人〉』のリオタールであった。ところが彼は、そこでこの貴重な洞察を展開すると同時に、アーレントをフロイト、ベンヤミン、アドルノ、ツェランらとともにハイデガーに対立させ、「伝統やミメーシスや〔民族の〕展開の内在性や根源(racines)を単に問うだけでなく、それを裏切る」ような「ドイツ人ではないあの偉大なドイツ人たち、ユダヤ人ではないあの偉大なユダヤ人たち」に含めている。たとえば、ハイデガーでは「母語」としての「言語の根源」と、「起源(commencement)の言語」としてのギリシャ語の「根源」の「共通性」が「発見」されてしまうが、アーレントらの場合、「母、言語は破産し、売春の憂き目にあい、ヒトラー的欲望と指導のげっぷのなかで、そのげっぷによって死に絶えてしまうだろう」(J＝F・リオタール『ハイデガーと〈ユダヤ人〉』本間邦雄訳、藤原書店、一九九二年、二一三頁以下)。しかしこの議論は、まず「ミメーシス」に関して、本章が示すようなアーレントにおける演劇モデル(上演＝表象の政治)の優位と、それに対応する物語論の特徴を見失っているといわざるをえない。「根源」ないし「母」と「言語」の「破産」についても、「何が残るのか。母語が残る」(Was bleibt? Es bleibt die Muttersprache.)と題されたアーレントのインタヴュー記録を見れば、事態はそれほど単純でないことがわかるだろう。彼女にとってドイツ語は、他の人々が抑圧のなかでそれを忘れたときにも「つねにそのままであったもの、そして自分で意識的に保持したものの本質的部分」であった。「何ものも母語の代わりにはなりえない」と彼女は断言している(Reif, A. (ed.), *Gespräch mit Hannah Arendt*, Piper and Co, 1976, p.23)。なお『ハイデガーと〈ユダヤ人〉』については、第一章の注(73)および第五章の「はじめに」も参照。

(38)『文化の危機』九六頁。『人間の条件』でアーレントは、アリストテレスが活動と美の基準を等しく「偉大さ」に見ていたと述べている(前掲書三九一頁)。

(39)『暗い時代の人々』三二頁。〈政治的なもの〉にとっての悲劇の重要性は、すでに『人間の条件』で指摘されている。それによれば、アリストテレスの演劇論の「決定的な点」は、「悲劇」の内容を「人々の特質」にではなく「活動」に求めた点にあり、また、カントは「活動の自発性」と「判断力を含む実践理性の能力」を強調したことで「悲劇〔的人間観〕の最大の代表者」となった(前掲書三八八、三九九頁)。

(40)『歴史の意味』五八頁。「政治的判断力」とカタルシスの関係については、次の決定的な一節を参照。「イサク・ディネセンの言葉にあるように、〈どんな悲しみも、それを物語に翻訳するかそれについての物語を語るかすれば、耐えられる〉というのはまったく真実である。〔……〕われわれはアリストテレスと同じように、詩人の政治的機能のなかにカタルシスの作用を、つまり、人間が活動するのを妨げるような情緒をすべて洗い流し、清める作用を認めることができよう。歴史家や作家など物語の語り手(storyteller)の政治的機能は、ものごとをあるがままに受容するように教えることである。誠実さと呼んでもよいこの受容から、判断力が生まれるのだ」(『文化の危機』一五三頁)。

(41) 『人間の条件』三〇三頁。

(42) アーレント『イェルサレムのアイヒマン』大久保和郎訳、みすず書房、一九六九年、一七八頁以下。

(43) 『人間の条件』六六頁。

(44) 『暗い時代の人々』一三二頁。

(45) 『人間の条件』一五三頁。

(46) 『人間の条件』の次のような命題からは、〈語りえぬもの〉や〈無名のもの〉の〈記憶〉は、アーレントの〈政治的なもの〉の思考にとって無意味なのだといえるかもしれない。「人々が行ない、知り、経験するものは何であれ、それについて語られるかぎりにおいてのみ有意味である」(同書一四頁)。「名をもたない活動、つまりそこに〈だれであるか〉が付着していない活動は無意味である」(同書二九三頁)。

(47) E. Young-Bruehl, *Hannah Arendt : For Love of the World*, Yale University Press, 1984, p. 361.

(48) *ibid.*, pp. 455-456.

(49) E. W. Said, An Ideology of Difference, in "*Race*", *Writing and Difference*, The University of Chicago Press, 1986, p. 47.

第二章 《闇の奥》の記憶

(1) エドモン・ジャベス「言葉の発明」『アパルトヘイト否!国際美術展カタログ』現代企画室、一九八九年、七〇頁。

(2) H・アーレント『革命について』志水速雄訳、ちくま学芸文庫、一九九五年、七七頁。

（3）同書二一〇頁。

（4）H. Arendt, L'Europe et l'Amérique, in *Penser l'événement*, Belin, 1989, p. 180.

（5）一九七五年以来中央公論社から刊行されていた故志水速雄氏訳の『革命について』では「ヨーロッパ人種」となっていた引用二番目の European mankind が、一九九五年の「ちくま学芸文庫」版では「ヨーロッパの人々」となっている（川崎修氏の「解説」によれば、文庫化にあたり「著作権者の承諾のもと」「ごくわずかな〈補修作業〉」が行なわれたという）。「人種」の問題点を考慮したためと思われるが、最初の引用箇所の同じ語はなぜか「ヨーロッパ人種」のままである。

（6）両者に共通する問題点は少なくない。フッサールの「ヨーロッパ的人間性」とその「危機」については、高橋哲哉『逆光のロゴス――現代哲学のコンテクスト』（未来社、一九九二年）所収の「歴史　理性　暴力」を参照されたい。

（7）アーレント『全体主義の起原1　反ユダヤ主義』大久保和郎訳、みすず書房、一九八一年、三九頁。『全体主義の起源2　帝国主義』大島通義・大島かおり訳、みすず書房、一九八一年、二三五頁。

（8）アーレント『パーリアとしてのユダヤ人』寺島俊穂・藤原隆裕宜訳、未来社、一九八九年、二一六頁。

（9）同書二一〇頁。

（10）『全体主義の起原2　帝国主義』二七三頁。

（11）同書一〇四頁。

（12）『パーリアとしてのユダヤ人』二一五頁。

（13）『全体主義の起原2　帝国主義』一一五頁以下。

（14）同書二九〇頁。

（15）同書一〇五頁。

（16）同書一〇六頁。

（17）同書一一八頁。

（18）C. Achebe, An image of Africa: Racism in Conrad's *Heart of Darkness*, in *Hopes and Impediments: Selected Essays*, Doubleday Anchor, 1989, pp. 1-20.

（19）E. W. Said, *Culture and Imperialism*, Vintage books, 1993, p. 164.「非西洋世界に対するコンラッドの西洋的な見方はきわめて根深いので、他の歴史、他の文化、他の希望に対して彼を盲目にしている」(*ibid.*, p. XVIII)。コンラッドを評したサイードのこの言葉は、多かれ少なかれアーレントにも当てはまることが以下で示されるだろう。なお『闇の奥』における人種主義の問題については、丹治愛『神を殺した男――ダーウィン革命と世紀末』(講談社)二〇五頁以下のニュアンスに富む解釈をも参照。

（20）『全体主義の起原2』一一三頁。

（21）同書一二一頁。

（22）同書一一三頁。

（23）同書一一六頁以下。

（24）同書一二一頁。

（25）同書一二三、一二一頁。

（26）同書二七二頁。

（27）H. Arendt, *Imperialism*, Part Two of *The Origins of Totalitarianism*, A Harvest/HBJ Book,

1985, p. 76.
(28)『全体主義の起原2　帝国主義』一一八頁。
(29)アーレント『人間の条件』志水速雄訳、ちくま学芸文庫、三四頁。
(30)『全体主義の起原2　帝国主義』二八七頁。
(31)同書一三五頁。
(32)同書一一七頁。
(33)ハイデガーにおける人間‐動物‐世界の問題系については、とりあえずJ・デリダ『精神について——ハイデッガーと問い』(港道隆訳、人文書院)、七五頁以下を参照。同じく共通世界と民族の問題系については、前掲拙著『逆光のロゴス』所収の「回帰の法と共同体——存在論と倫理学のあいだ」を参照されたい。
(34)『全体主義の起原2　帝国主義』一二二頁。
(35)アーレント『全体主義の起原3　全体主義』大久保和郎・大島かおり訳、みすず書房、一九八一年、二八〇、三〇七頁。
(36)『人間の条件』九二、一二六、三一四、三一九頁。
(37)『全体主義の起原2　帝国主義』二八八頁以下。アーレントにおける「境界線」の問題に触れたものとして、合田正人「霧のなかの舟」『現代思想』一九九五年四月号、五九—六〇頁を参照。
(38)同書一二〇頁。
(39)同書二八四、二八九頁。
(40)同書一二三頁。

(41) 同書一〇六頁。
(42) 同書一〇七頁。
(43) 『人間の条件』四七、五二頁。
(44) 『革命について』二二頁以下。
(45) 同書一六九頁。
(46) 『全体主義の起原2 帝国主義』一一二頁。
(47) 同書一三四頁。
(48) 同書九〇頁。
(49) アーレントはしばしば「人類の理念」を、「われわれは人間によってなされたすべての犯罪に対してみずから責任を負い、民族は他の民族によってなされたすべての悪行に対しても自ら責任を負わねばならない、という政治的にきわめて重要な帰結に至る」ものとして提起する(『パーリアとしてのユダヤ人』二三六頁、『全体主義の起原2』一八五頁以下など)。だがそうした場合も、彼女が「人間」をつねに「民族」のレベルで語っていないかどうか、疑うことが必要である。
(50) 『パーリアとしてのユダヤ人』一七二頁以下。
(51) 『全体主義の起原1 反ユダヤ主義』三九頁。
(52) 『全体主義の起原2 帝国主義』一〇八頁。
(53) この南北アフリカの分割を含め、アーレントのアフリカ表象とヘーゲルの『歴史哲学』や『精神哲学』のそれとの類似性は注目に価する(『歴史哲学』上、武市健人訳、岩波文庫、一九八頁以下。『精神哲学』上、船山信一訳、岩波文庫、九五頁)。

ヘーゲルにおいても、

一、アフリカは「運動と発展が見られない」ために「歴史的世界には属さない」。それは「まだまったく自然的精神の域を脱しない没歴史的なもの」である。

二、「黒人」は「まったくの野蛮と奔放のままの自然人」であり、彼らには「品位」も、「人倫」も、「一般に感情と呼ばれるもの」も、「およそ人間性の響きのあるもの」は見出されない。「文化に対する内的衝動」が見られない。

三、アフリカは「絶対的な、まったくの不法状態」としての「自然状態」にあり、そこには「政治的団結」も、「自由な法律が国家を統括するという性格」も認められない。ただ「一時的」に、「外的な暴力」によって、「頂点に一人の支配者が立つ」ような国家が見られるにすぎない。

四、アフリカでの戦争は「すべてのものの破壊」にほかならない。

五、これらの特徴は、「アフリカの土地の区別をもたない引きしまった塊りにふさわしい」（強調はヘーゲル）。

六、以上はしかし、「われわれが真の意味でアフリカと呼ぶもの」にのみ属するのであって、「北部は事情が違う」。北部は「むしろアジアとヨーロッパに属する」のであり、「なかなか良い地方」で、「ヨーロッパはつねにここに手を延ばそうと狙っている」。北アフリカは「当然ヨーロッパの方に入るべきところだったし、また事実そうならねばならなかった」。

（54）『全体主義の起原2　帝国主義』八、一七七頁以下。
（55）同書五一、六三頁。
（56）同書一七頁。

(57) 同書一七〇頁。
(58) 同書一九二、一七八、七一頁以下。
(59) 同書一二〇、一六八頁。
(60) 同書一八五頁。
(61) 「白人の法廷に立つ黒人」(第一回法廷陳述、一九六二年)、『ネルソン・マンデラ——闘いはわが人生』浜谷喜美子訳、三一書房、一九九二年、二六二頁。

第三章　精神の傷は癒えない

(1) 『パウル・ツェラン詩集』飯吉光夫訳編、思潮社、一九八五年、六二—六三頁。
(2) C・ランズマン『SHOAH——ショアー』高橋武智訳、作品社、一九九五年、三八頁以下。
(3) 同書三六九頁。
(4) E・レヴィナス「同罪刑法」『困難な自由—ユダヤ教についての試論』内田樹訳、国文社、一九八五年、一七四頁。
(5) G・W・F・ヘーゲル『精神の現象学』下巻、金子武蔵訳、岩波書店、一九七九年、九九三頁以下。
(6) 同書七三一頁。
(7) 『法哲学』では君主の「恩赦権」が、やはり「なされたことをなされなかったことにし、赦し忘れること(Vergeben und Vergessen)によって犯罪をなかったことにする精神の威力の実現」だとされる(第二八二節)。また、『精神現象学』の「芸術宗教」の章では、「対立するもの同士の有和=和解(Versöhnung)とは、レーテー(忘却)のことだ」とされていることにも注意(前掲書一〇七七頁)。

（8）レヴィナス「自我と全体性」『超越・外傷・神曲』内田樹・合田正人編訳、国文社、一九八六年、三一九頁。
（9）ランズマン、前掲書三一九頁。
（10）「結局のところ俺は、母親が犬どもにわが子を食い殺させた迫害者と抱擁し合うなんてことが、まっぴらごめんなんだよ！　いくら母親でも、その男を赦すなんて真似はできるもんか！　赦したけりゃ、自分の分だけ赦すがいい。母親としての測り知れぬ苦しみの分だけ、迫害者を赦してやるがいいんだ。しかし、食い殺された子供の苦しみを赦してやる権利なぞありゃしないし、たとえ当の子供がそれを赦してやったにせよ、母親が迫害者を赦すなんて真似はできやしないんだよ！　もしそうなら、もしその人たちが赦したりできないとしたら、いったいどこに調和があるというんだ？　この世界じゅうに、赦すことのできるような、赦す権利を持っているような存在がはたしてあるだろうか？」ドストエフスキー『カラマーゾフの兄弟』上、原卓也訳、新潮文庫、四七一頁以下。
（11）**G. W. F. Hegel**, *Vorlesungen über die Philosophie der Religion* Ⅱ, Suhrkamp, p. 295.
（12）*ibid.*, p. 292.
（13）レヴィナス「シモーヌ・ヴェーユ、反聖書」『困難な自由』一六〇頁。
（14）ヘーゲル『初期神学論集Ⅱ』久野昭・中埜肇訳、以文社、一九八七年、一六九頁。
（15）ヘーゲル『精神の現象学』上巻、金子武蔵訳、岩波書店、一九七一年、三一、一八九頁ほか。
（16）レヴィナス「同罪刑法」『困難な自由』一七四頁。
（17）レヴィナス「成年者の宗教」『困難な自由』三七頁以下。
（18）ハンナ・アーレントは、ヘーゲルのようにイエスの死を神の赦しと解するのではなく、イエス自身の「赦し」の教えのうちに「真の政治的経験の一つ」を見出す(『人間の条件』第五章第三三節)。彼女にとっても「赦し」(forgiveness)は、「活動から必ず生まれる傷(damages)を癒すのに必要な救済策」であるが、イエスの教えでは、神だけが赦しうるのでも神から赦しの力が来るのでもなく、まず人間同士が赦し合わなければ神の赦しはないという。また、赦しが可能なのは行為者が「自分のなすことを知らないから」なので、赦しは「極端な犯罪と意図的な悪には適用されない」。事実アーレントでは、赦しの力が強調される一方、「罰することも赦すこともできない」「根本悪」の現象がナチズムなどに認められる。

なお、本書とはやや視点が異なるが、他者への加害責任を超越的審級に訴えず、あくまで自他関係から追究しつつ「受苦の倫理学」を構想する久重忠夫『罪悪感の現象学——「受苦の倫理学」序説』(弘文堂、一九八八年)を参照されたい。「赦し」についてはとくに第七章。

(19) ヘーゲル『初期神学論集II』一三二、一八二、一八四、二三九頁ほか。

(20) ヘーゲル『精神の現象学』下巻、九九二、九九四頁。

(21) G. W. F. Hegel, *Vorlesungen über die Philosophie der Religion* II, p. 305.

(22) レヴィナス「シモーヌ・ヴェーユ、反聖書」『困難な自由』一六三頁。

(23) ランズマン『SHOAH——ショアー』三一八頁以下。

(24) 同書三六二頁以下。

(25) ランズマンによれば、「『ショアー』に出てくる生き残りたちは、だれ一人として〈私は〉とは言わない」。たとえば理髪師アブラハム・ボンバは、自分がどうやってトレブリンカから脱出したかなど「個人史」についてはいっさい語らず、「〈われわれは〉と言い、死者のために語り、死者たちの代弁者となる」。ランズマン「ホロコースト――不可能な表象」高橋哲哉訳（鵜飼哲・高橋哲哉編『「ショアー」の衝撃』所収、未来社、一九九五年）を参照。

(26) C. Lanzmann, "A propos de *Shoah*", in: *Shoah, le film*, Jacques Grancher, 1990, p. 208.

第四章　満身創痍の証人

(1) 歴史における〈忘却の穴〉については、とくに第一章および[補論]を参照。

(2) 伊藤孝司編『破られた沈黙――アジアの「従軍慰安婦」たち』風媒社、一九九三年、八八頁。

(3) 同書一一三頁。

(4) 同書一〇三頁。

(5) 同書一八頁。

(6) 川田文子『赤瓦の家――朝鮮から来た従軍慰安婦』筑摩書房、一九八七年、二六二、二六四頁。

(7) 『破られた沈黙――アジアの「従軍慰安婦」たち』五六頁。

(8) 国際公聴会実行委員会編『世界に問われる日本の戦後処理①――「従軍慰安婦」等国際公聴会の記録』東方出版、一九九三年、五五頁以下。

(9) E・レヴィナス『全体性と無限――外部性についての試論』合田正人訳、国文社、一九八九年、三四七頁以下、とくに三七一頁以下。

(10) 同書三七二頁。

(11) 同書三七五頁以下。

(12) 同書三七七頁以下。

（13）同書四六一頁。
（14）同書三七七頁以下。
（15）同書三七八頁。
（16）同書三八三頁。
（17）同書三八八、一一六頁。
（18）同書三八一頁。
（19）レヴィナス『困難な自由――ユダヤ教についての試論』内田樹訳、国文社、一九八五年、一一七頁以下。
（20）『全体性と無限』一七頁以下。このメシアニズムの時間性の構造は、当然ベンヤミン、ローゼンツヴァイク等との比較という課題を提起する。この点についてはとりあえず、Susan A. Handelman, *Fragments of Redemption, jewish thought and literary theory in Benjamin, Scholem, and Levinas*, Indiana University Press, 1991, pp. 306 sq. を参照。
（21）『存在するとは別の仕方で、あるいは存在することの彼方へ』で「弁明」(apologie)の「ロゴス」的性格に加えられた批判を無視するわけではない（レヴィナス『存在するとは別の仕方で、あるいは存在することの彼方へ』合田正人訳、朝日出版社、一九九〇年、一九一、二二四、三四九頁）。〈他者のために他者に代わって〉(pour l'autre)の構造に注目したいのである。
（22）P. Celan, *Gesammelte Werke* Ⅱ, Suhrkamp, 1986, p. 72.
（23）『全体性と無限』三二四頁。
（24）同書三九〇頁以下。

（25）同書七〇頁。

（26）Bernard Forthomme, *Une philosophie de la transcendance, La métaphysique d'Emmanuel Lévinas*, Vrin, 1979, pp. 308 sq.

（27）『全体性と無限』三八四頁。

（28）同書四四〇頁。

（29）同書四六八、四一七頁。

（30）同書四六二頁。

（31）同書四三一頁。

（32）合田正人「果てなきパリノーディア（2）――レヴィナスにおける言語の陰謀」『iichiko』一九九〇年冬号、九〇頁。

（33）『全体性と無限』四三九頁。

（34）この論点は、港道隆「Oui と Oui のアフォリズム」（『現代思想』一九八九年八月号、二〇一－二一七頁）がつとに提起していたレヴィナス的「証言」の「複数性」ないし「分割可能性」の問題と、密接にかかわるかもしれない。

（35）『全体性と無限』四三一頁。

（36）レヴィナスは単純に女性的なものを二次的、派生的なものとするのではなく、むしろ性的差異そのものを二次的、派生的なものとした上で、性的差異に先立つ一次的なものと見なしたものを再び「男性形」で示すのだ、というデリダの指摘が、私の知るかぎり最もポイントを突いているように思われる。Jacques Derrida, En ce moment même dans cet ouvrage me voici, in *Psyché, Inventions de l'autre*,

Galilée, 1987, pp. 193 sq.

(37)『全体性と無限』四三二頁。

(38)同書四二〇頁。

(39)同書四一八頁以下。

(40)同書四三〇頁。

(41)同書四二一頁。

(42)同書四三二頁以下。

(43)同書三二四頁以下。

(44)同書三二六頁以下。

(45)同書四〇七頁。

(46)cf., B. Forthomme, *op. cit.*, pp. 338 sq., Handelman, S. A., *op. cit.*, p. 208.

(47)ヘブライ語聖書対訳シリーズ『創世記Ⅰ』ミルトス・ヘブライ文化研究所、一九九〇年、四六、八六、九六、一三七頁等。合田正人『レヴィナスの思想——希望の揺籃』弘文堂、一九八八年、二五五、三〇七頁等も参照。

(48)『全体性と無限』二五頁。

(49)F. Rosenzweig, *Der Stern der Erlösung*, *Gesammelte Schriften* vol. 2, Martinus Nijhoff, 1976, p. 331.

(50)*ibid.*, pp. 331, 332, 339, 380, etc.

(51)『困難な自由』二二五頁。

(52) cf., S. A. Handelmann, *op. cit.*, pp. 208, 290 sq.
(53) 『全体性と無限』四三一頁。この単数形の nation は、ユダヤ民族(peuple juif)を含む「民族」一般を意味していると思われる。
(54) 同書四三三、四七二頁。
(55) 『困難な自由』二一六頁以下。
(56) E. Lévinas, *Difficile liberté, Essais sur le judaisme*, Albin Michel, 1963, pp. 73 sq.「レヴィナスは、ユダヤ教とは生物学的同一性の承認だと主張している」とさえ述べる論者もいるが、これは強すぎる主張だろう。cf., Edith Wyschogrod, *Emmanuel Lévinas, The problem of ethical metaphysics*, Martinus Nijhoff, 1974, p. 166.
(57) レヴィナス『諸国民の時に』合田正人訳、法政大学出版局、一九九三年、一六六頁。
(58) S. A. Handelman, *op. cit.*, p. 206.
(59) レヴィナス『存在するとは別の仕方で、あるいは存在することの彼方へ』一四七頁。
(60) 同書一五〇頁以下。
(61) ローゼンツヴァイクは『贖いの星』で、「血の共同体」の維持には「自然的なものの大地」に深く根ざした女性の存在が重要であることを述べている。「実際、古来の法規によれば、ユダヤの血が伝播(=繁殖[fortpflanzen])していくのは女性によってではないか。ユダヤ人の両親の子どもだけでなく、ユダヤ人の母の子どもはすでにその生まれによってユダヤ人なのだ」(*op. cit.*, p. 362)。
(62) 『存在するとは別の仕方で、あるいは存在することの彼方へ』二六八頁。
(63) 『困難な自由』六三頁。

（64）『存在するとは別の仕方で、あるいは存在することの彼方へ』二〇二、二一二、六四、三二二頁等。
（65）同書二〇五頁。
（66）永井晋「神の収縮（ツィムツム）——レヴィナスにおけるカバラ的メシアニズム」、掛下栄一郎・富永厚共編『仏蘭西の知恵と芸術』行人社、一九九四年、一六九—一八八頁。
（67）**F. Rosenzweig**, *op. cit.*, p. 379.
（68）『諸国民の時に』一六一、一七三頁。
（69）同書一七二頁以下。
（70）『破られた沈黙——アジアの「従軍慰安婦」たち』二四頁。
（71）同書五六頁。
（72）同書一〇三頁。
（73）同書一四〇頁。

第五章　《運命》のトポロジー

（1）J・F・リオタール『ハイデガーとユダヤ人』本間邦雄訳、藤原書店、一九九二年、ⅰ頁以下。フランス語原文は、『ルプレザンタシオン』一九九二年春季号、ⅷ頁以下。
（2）近代日本の哲学的言説における形而上学の〈反復〉については、港道隆「和辻哲郎——回帰の軌跡」（『思想』一九九〇年一二月号）に独自の優れた分析がある。和辻哲郎の哲学的ナショナリズムについては、筆者も、ハイデガーと対比させつつ論じたことがある（拙著『逆光のロゴス——現代哲学のコンテクスト』未来社、一九九二年、七五頁以下）。

（3）　この点に関連して、高山岩男『世界史の哲学』（岩波書店、一九四五年）の序文の有名な一節を想起しておこう。「世界史の哲学に就いて私見を発表する勇気を生じ、またその義務を感ずるに至つたのは、支那事変の勃発後、日頃教室で顔を合わせてゐた学生で、卒業後戦地に赴く人々が出てきた頃であつた。彼等は支那事変の本当の意義が何処にあるかを訊ね、それを摑へることによつて戦場の覚悟への一助とするといふ風に見受けられた。私は率直にこの事変のたゞならざる所以を語り、その必然性を深く世界史の立場から捉ふべきであることを語った。これが生死超脱の境地を語る資格のない私の、彼等に贈るべきせめてもの餞別であった」（同書、序文五頁以下）。

（4）　坂本多加雄「日本はみずからの来歴を語りうるか――〈世界史の哲学〉とその遺産」（『アステイオン』一九九〇年秋季号、二〇〇頁以下）は、「京都学派」の「失敗」を明確にしつつ、それでも〈世界史の哲学〉は、「わが国が、長期的展望に立ってみずからの立場を主張しようとした史上殆ど唯一の例である」という観点から、この哲学の「新たな〈解釈〉」と「今日的意義」を「模索」しようとする試みである。だが、その慎重かつ周到な議論にもかかわらず、坂本の議論には、〈世界史の哲学〉の大きな問題点のひとつが引き継がれているのではないか、という懸念を禁じえない。たとえば、彼が、アメリカ的価値観の「世界化」は「諸国民に固有の民族的慣習や行動様式の深部にまで到達することがなかった」とか、「われわれ」は「日本文化の根底に潜む本来的な契機を確認し、それを自覚的に継承するだけの機会と用意に恵まれている」と述べるとき、坂本の「多元主義」は、「国民」文化の「固有性」や「本来性」を前提し、それを強調するものであることがうかがわれるが、そのことによって、「国民」自身が他となる可能性（他である現実性）、多となる可能性（多である現実性）を軽視することにならないか。また、坂本は「個々の国際主体のひとつの理想的なあり方」を、西田幾多郎が日本文化の特色を表現した「自己否定的に世界となる」という言葉に求め、このことの実践が、「〈普遍主義〉的な確信に立たない〈大国〉という史上稀な存在となった日本の任務」だとしているが、「自己否定的に世界となる」ということが、日本に「独自」の、「固有」の、「本来的」な「伝統」だというようなことを、われわれははたしてどこまで本当に知っているのだろうか。西田がここで、まさにライプニッツを〈引用〉しているという事実は、この思想を日本が自己固有化することはできないことをすでに示唆しているのではないか。

（5） 廣松渉『〈近代の超克〉論――昭和思想史への一断想』朝日出版社、一九八〇年、六六頁。

（6） 「京都学派」についてのリオタールの唯一の参照文献、Naoki Sakai, Modernity and its Critique: The Problem of Universalism and Particularism（*the South Atlantic Quarterly* 87. 3, 1988）は、〈世界史の哲学〉の「反帝国主義」が、「歴史的実践の唯一の基礎」を「国民的同一性」に求めたために、「その拡張主義的衝動の不可避的諸帰結を含む」「日本近代」の「手放しの是認」に帰着したことを、きわめて説得的に明らかにしている。この見事な批判的論考に、この上なお問いを向けるとしたら、〈世界史の哲学〉が想定した日本の勝利による「人類の究極的解放」が、なぜ、「多くの歴史と伝統の多元主義的共存を結果として排除する」「唯一の中心による完全な支配〔*complete domination*〕」として記述されるのか、そしてその見通しのなかで、「共栄圏」問題はどう位置づけられるのか、ということだろう（N. Sakai, *op. cit.*, in *Postmodernism and Japan*, ed. by M. Miyoshi & H. D. Harootunian, Duke University Press, 1989, p. 112）。

（7） 高山岩男『世界史の哲学』序文四頁。

（8） 同書序文二頁。

（9） 同書一一頁以下。

（10）同書一四頁。
（11）同書一五頁。
（12）同書七五、九二頁。
（13）同書六九頁。
（14）同書八九頁以下。
（15）同書二六頁。
（16）同書二頁。
（17）同書九七、一一五、三九四頁。
（18）同書四一六、四四九頁。
（19）同書八八頁。
（20）E. Husserl, *Die Krisis der europäischen Wissenschaften und die transzendentale Phänomenologie, Husserliana VII*, Martinus Nijhoff, 1976, p. 14. フッサール『ヨーロッパ諸学の危機と超越論的現象学』細谷恒夫・木田元訳、中央公論社、一九七四年、三〇頁。
（21）『世界史の哲学』八八、三九一頁。なお、フッサールにおける「あらゆる人間性のヨーロッパ化」の問題については、前掲拙著三四頁以下を参照。
（22）『世界史の哲学』四二四頁。
（23）同所。
（24）同書四二四頁以下。
（25）同書四二九頁。

(26) 同書四二六頁以下。
(27) 同書四二一頁。
(28) 同書三八二頁以下。
(29) わたしはここで、「散種」や「引用」や「反復」をめぐるデリダの思考を参照している。とりあえず、前掲拙著三〇〇頁以下を参照。
(30) 『世界史の哲学』四二一、五一四頁。
(31) 同書三八五頁。
(32) 同書二三一頁。
(33) 高山岩男『文化類型学研究』弘文堂書房、一九四一年、二三八、二四一頁。
(34) 同書一九四、二六二頁。
(35) 同書四〇〇、二二八頁。外来文化は、「地の光輝を出すための磨き砂」(同書三九九頁)に譬えられる。「実際において、外来文化は常に新しい日本文化の形成に磨き砂の役割を演じてゐるに過ぎない。文化諸形式の成立は、その機縁を外来文化に負うても、真の日本文化が成立するとき、中身は日本国民固有の感覚であり、感情であり、体験であり、精神である。外来文化の一片一片を捨て去つて行くとき、いつも真実の日本文化が成立して来てゐる」(同書二二六頁以下)。
(36) **G. W. F. Hegel**, *Vorlesungen über die Philosophie der Geschichte*, Suhrkamp, p. 108. ヘーゲル『歴史哲学』上、武市健人訳、岩波文庫、一八一頁。
(37) 『世界史の哲学』一五四、二〇七頁。
(38) たとえば、「民族の精神的世界」を、「一文化の上部構造」でも「有用な知識や価値を生み出す工敵」でもなく、「民族の大地と血に根ざした諸力をもっとも深いところで保守する威力」と規定した「ドイツ的大学の自己主張」を想起されたい(M. Heidegger, *Die Selbstbehauptung der deutschen Universität*, Vittorio Klostermann, 1983, p. 14. ハイデガー「ドイツ的大学の自己主張」『現代思想』一九八九年七月号、矢代梓訳、六一頁)。もちろん、「三〇年代半ば」というのは大ざっぱな指標にすぎず、ここに解釈上の大きな問題があることはいうまでもない。前掲拙著七五頁以下を参照。

(39) 『世界史の哲学』一〇二頁以下。

(40) 同書三九〇頁。

(41) 同書三八九頁以下。

(42) 『文化類型学研究』一九四頁以下。

(43) J・デリダ『他の岬』(高橋哲哉・鵜飼哲訳、みすず書房、一九九三年)を参照。高山自身も座談会で、「何でも彼でも日本を中心とした一元的な世界史論でないと、日本の主体性が出ないといふやうに考へる人」に強く反対しつつ、「日本は今こそ世界史に主体的に、主導的に働いてゐる。世界秩序の変革を己に担って、世界史の最尖端において働いてゐる」と発言している(高坂正顕、鈴木成高、高山岩男、西谷啓治「総力戦の哲学」『中央公論』一九四三年一月号、九三頁)。

(44) 『世界史の哲学』四三二頁。

(45) 同書四三九頁。

(46) 同書三六二頁。高山は座談会で、西谷啓治の次の発言に対し、「僕も全く同感で全然異存がない」と答えている。「絶対的精神の立場が所謂世界新秩序といふ要請の根本に含まれてをり、現在世界史の底から聞える呼び声なんだ。さつき日本の立場が世界の他の諸国家の上に突き抜けてゐるといつたのはその意味だ。現在、世界史が日本を呼んでゐる、呼び出してゐる訳だ。僕は〈八紘一宇〉をさういふ風に解釈する」(「総力戦の哲学」九七頁)。

(47) 同書四三九頁以下。

(48) 同書序文一頁以下。

(49) この点については、やはりまず第一に、廣松渉『〈近代の超克〉論——昭和思想史への一断想』朝日出版社、一九八〇年を参照。

(50) 『世界史の哲学』四二七頁。

(51) 同書四四六頁。

(52) 同書四三四頁以下、四五六頁。

(53) のちの高山の発言によると、「所を得る」の「所」は必ずしも「場所的論理」の「場所」と同じではなく、後者の「一構成契機」から「所の倫理」が成立するという(高山岩男『場所的論理と呼応の原理』「改訂版への序」創文社、一九七六年、六頁)。ちなみに、「八紘一宇」よりも「所を得る」の表現を好んだ点については、彼は次のように証言している。「私は太平洋戦争の始まる少し前から海軍省調査課の嘱託とさせられ、思想問題に関して諸種の相談を受けたり研究を頼まれるようになった。これは私一人にではなく、京都大学の哲学と史学の数名が仲間で、私が折衝に当る代表者であった。……昭和一八年春、太平洋の戦勢既に容易ならざる相貌を呈し始めた時であるが、私が調査課のため上京した折、海軍大学校長の及川古志郎大将が使いを寄越して講義を依頼してきた。聞けば八紘一宇に関して率直に話してもらいたいというのであった。私は八紘一宇というのは対外的には日本が帝国主義を自認するような軽率な言葉で、米英帝国主義の撃滅を叫ぶのと矛盾することを申して、率直にものを言える間柄の海軍とはいえ、それは極く一部の人との間で、公の場で講演する気にはなれないと断った。では八紘一宇に変わるものは何かというから、代わるものも気がつかぬが、万邦兆民をして所を得しむという、所の倫理を深く考えれば、この方が遥かによい。併し所を得しむといって金持が乞食に金を恵むような調子の一方的なことを考えるものなら、途方もない間違いで、やはり対外的に誤解を受ける危険がある、という意味のことを答えた」（同書五頁）。

(54)『世界史の哲学』四五三頁以下。

(55) 同書二九九、三〇一、四三七頁。

(56) 同書四五七頁以下。

(57) 高山岩男「総力戦と思想戦」『中央公論』一九四三年三月号、三頁。『世界史の哲学』四一六頁。

(58)「総力戦の哲学」九三、九五頁。高山岩男「道義的生命力について——南京東亜連盟諸君並びに呉玥君の批判に答ふ」『中央公論』一九四三年六月号、五三頁。

(59)「総力戦と思想戦」四頁。

(60)『世界史の哲学』一一五頁。

(61) 同書四四四、四四九頁。「総力戦の哲学」五九頁。

(62)「総力戦と思想戦」一五頁以下。

(63)「道義的生命力について」五四頁。

(64)「総力戦の哲学」九四頁。

(65)『世界史の哲学』五二六頁以下。

(66)「総力戦と思想戦」二三、二五頁。

(67) デリダ、前掲書、五六頁以下を参照。
(68) 「総力戦と思想戦」二六頁。
(69) 「総力戦の哲学」六七頁。高坂正顕、鈴木成高、西谷啓治、高山岩男「東亜共栄圏の倫理性と歴史性」『中央公論』一九四二年四月号、一四八頁以下。
(70) 高山岩男『文化類型学研究』二四三頁以下。
(71) 同書二八四頁。
(72) 同書二七六頁以下。
(73) 廣松、前掲書八九頁。
(74) 『文化類型学研究』二七九頁、『世界史の哲学』五二〇頁以下。
(75) 『世界史の哲学』四三八頁。
(76) 「総力戦と思想戦」二三頁以下。
(77) 『世界史の哲学』五二三頁。
(78) 「総力戦と思想戦」二七頁以下。
(79) 同論文七、一三頁。
(80) 『世界史の哲学』四四〇頁。
(81) 同書四四〇頁以下。
(82) 「道義的生命力について」四九、五三頁。
(83) 『世界史の哲学』四四二頁。「総力戦と思想戦」五頁。
(84) 廣松、前掲書八五頁。

(85) 注(6)参照。
(86) 『文化類型学研究』二一五頁、『世界史の哲学』一〇八頁。
(87) 『文化類型学研究』二一九、二六二頁。
(88) 同書二五六頁。
(89) 同書三一三頁。
(90) 同書二五六頁。
(91) 「民族と国民との合致せる我が国の場合には、両者の関係が特に新たな問題となることがない。この関係が主体的関心を喚起するのは、多く大陸の接壌国家に於てであり、特に両者の複雑した連関の上に立つヨーロッパの史学に於てである。而もヨーロッパの世界史に於て、両者の関係は到底一般的理説を構成し得ない多様性を有してゐるのである。……そこに於て国民は必ずしも民族の統一に依存してゐない。即ち、国民は民族の同質性とか親近性とかに依存するものではなく、また民族の無自覚な統一性が自覚化せられたときに国民が成立するものでもない。……我々は民族と国民との間に一義的な内面的関係を見出すことはできず、これを見出さうとすることは極めて危険であるといはなければならぬ」(『世界史の哲学』二二六頁以下)。『文化類型学研究』二一八頁をも参照。
(92) 『文化類型学研究』二四二、二四九頁。
(93) 『世界史の哲学』一八七頁以下。『文化類型学研究』一四〇頁以下。
(94) 『世界史の哲学』二〇六頁以下。
(95) 『世界史の哲学』三〇二頁。
(96) 高山岩男『哲学的人間学』岩波書店、一九三八年、三九頁以下。『世界史の哲学』二〇七、二〇九、

二一一、二一六頁。
(97)『世界史の哲学』二一七頁。
(98) 座談会「世界史的立場と日本」でも、「血の純潔」やその「素質」にこだわる西谷啓治に対して、高山は「如何に指導して行くかといふこと、つまり血以外の原理によつて血が生きもすれば死にもする」のだから、「ただ血だけで優秀とか劣等とか、力があるとかないとかいふことにはならないやうに思われる」と言い、「どうも決定力は血の外にあるやうな気がする」として、自然主義的発想から距離をとっている。「モラリッシェ・エネルギーは個人倫理でもなければ人格倫理でもなく、また血の純潔といふようなものでもない。文化的で政治的な〈国民〉といふものに集中してゐるのが、今日のモラリッシェ・エネルギーの中心ではないかと思ふ」(高坂正顕・鈴木成高・高山岩男・西谷啓治「世界史的立場と日本」『中央公論』一九四二年一月号、一八五頁以下)。ただし、「血」が「決定力」をもつのではなく、「文化的で政治的な〈国民〉」が「モラリッシェ・エネルギーの中心」であるとしても、この「国民」の「自然的基体」としての「血」が依然として重要であり、この根源に汲んでこそモラリッシェ・エネルギーの横溢があること、「基体性の回復」が「現代世界の構成理念」を特徴づけていること、日本の「国民的同一性」が「人間的な血縁」としての「血」の「統一性」を基礎とすること、等々に何の変わりもないことは明らかである。
なお西谷啓治は、「大東亜圏を建設するのに日本の人口が少な過ぎる」という理由から、「大東亜圏内の民族で優秀な素質をもつたもの」を、「少年時代からの教育によって半日本人化する」あるいは「徹底的に日本人化する」ことの必要性に、くりかえし言及している。「支那民族」や「タイの国民」のように「個有の歴史と文化」をもつ場合、また「自分の文化」をもたなくても、「今までアメリカ文化に甘やかされて来た」「フィリッピン人」のような場合は問題にならないが、「自分自身の歴史的文化をもつてゐないが、然も優秀な素質をもつた」民族、たとえば「マレー族」や「フィリッピンのモロ族」や「高砂族」のようなものを、「精神的に日本人と同じやうなものに育てる」ことは可能ではないか。朝鮮にも「徴兵制が布かれ」て、「〈朝鮮民族〉といはれたものが全く主体的な形で日本といふもののうちに這入つてくる」現在、「いはば大和民族と朝鮮民族とが或る意味で一つの日本民族になるといふ風に言つてはいけないだらうか。そして更にその日本民族に、南方民族の或るものが例へば高砂族のやうに、日本人として教育されて加はつてくる――さういふ風にはならないかね」(「東亜共栄圏の倫理性と歴史性」一六一頁、「総力戦の哲学」七八頁)。ここで西谷は、第一に、本来の日本民族(「大和民族」)の「血の純潔」を守ること、第二に、「精神的」日本民族の人口を増やすこと、第三に、「精神的」日本民族の「優秀性」を維持すること、という三つの要請を考慮しているように思われる。他者の他者性を廃棄して自己を拡大しつつ、しかも自己の本来的同一性を維持しようとする欲望が、ここにはまったく端的に露呈している。

この西谷の構想が、本人の言に反して「全くの素人考へ」でないことは、たとえば当時の「大東亜建設審議会」の審議内容と答申、とりわけ「大東亜建設ニ伴フ人口及民族政策答申」や「北ボルネオ軍政概要」などを見れば明らかである。当時の政府・軍部が、他民族の「皇民化教育」を実践する一方、「大和民族ノ純一性」や「血液ノ純血」を「保持スル」ために種々の「方途」を検討していたことが、そこには示されている。この点については、石井明「太平洋戦争下日本の対南方教育政策――大東亜建設審議会の答申とその実践をめぐって――」『国立教育研究所紀要』第一二一集、一九九二年、三〇三頁以下を参照。

（99）『文化類型学研究』二一八頁以下。

あとがき

まえがきにも記したように、本書は最近わたしが書いたものの中から「記憶」にかかわる論文を集めて一書にしたものである。ただ、とくに第一章から第四章までは、この一年余りの間に集中的に書かれているので、発表順とは異なるがこの順序で読み進んでもらえれば、いわゆる書き下ろしに近いモチーフの一貫性が感じられると思う。

各章のおおよその狙いを記しておこう。

第一章の本論は、アーレントが全体主義の犯罪とした「忘却の穴」の問題と、映画『ショアー』の哲学的解釈という二つの焦点をもち、〈脅かされた記憶〉という本書の核となる論点を提起したものである。初出時には、『ショアー』はまだフランス語版のビデオテープとテクストしか利用できなかったため、ポーランド語の地名、人名等の表記に正確さを欠いたが、その後の日本への導入運動の成果をふまえ、この機会に訂正することができた。

「補論」は、本論の初出時にわたしのアーレント解釈に異論を提起した岩崎稔氏の論文(「補論」注(2)参照)に対する反論として書かれたもので、「補論」とはいえ、アーレントの記憶論への批判をやや立ち入って展開した第二節は、本書全体にとって重要な意味をもつ。ポレミカルな調子の強い第一節を残すべきかどうか迷ったが、二つを切り離すのは事実上困難なので、こういう形で全体を再録することにした。

第二章は、アーレントのアフリカ表象と彼女の記憶論、〈政治的なもの〉の哲学との危うい関連を論じたもので、第一章のアーレント論を補完する意味をもつ。

第三章は、「精神の傷は傷痕を残さずに癒える」というヘーゲルの言葉と、『ショアー』の証人たちの言葉との〈不可能な〉対話を軸に、〈赦し〉の可能性と不可能性をスケッチしたもの。あくまでスケッチであり、この問題を深めていくことは今後の大きな課題だと思っている。

第四章は、元「従軍慰安婦」の人々の証言が投げかけた問題を、レヴィナスの証言論でどこまで考えられるかの実験である。このような形で両者を論じることには異論もあるかと思うが、〈民族〉と〈性〉という、哲学の言葉がなかなか届かない二つのトポスが交わる地点で犯されたこの歴史的暴力の記憶を、哲学的思考によってもまた受けとめていくために、この危険な試みが一つの突破口になればと思う。

第五章は、昨今再評価の動きがある京都学派の〈世界史の哲学〉を、その代表的理論家である高山岩男の例に即して明確に批判する。戦後五〇年を経て、かえって強まった観のある〈大東亜戦争〉肯定論、アジアの解放をめざす反帝国主義戦争だったという〈戦争の記憶〉が、どんな哲学的言説の無自覚な反復にほかならないかを知ることは有益だろう。ちなみに、この章の初出論文は、一九九二年七月フランスのスリジー・ラ・サルで開かれた国際コロック「越境――ジャック・デリダの仕事をめぐって」で行なった口頭発表の原稿に、大幅な加筆を施してできあがったものである。

なお、各章とも初出論文の原型をほぼとどめており、内容上の重要な変更はまったくない。

前著『逆光のロゴス――現代哲学のコンテクスト』でわたしは、「哲学もまたコンテクストの課してくる必然性に従って、その倫理的、政治的責任を問われざるをえない」と書いた。あらゆる哲学がそうだと書いたのだが、本書で論じたアーレント、レヴィナス、ヘーゲル、高山岩男といった人たちの思考は、むしろ歴史的現実そのものを積極的に主題化し、倫理や政治を哲学の中心問題として引き受けた思考だろう。出来事の衝撃にさらされることなしに、歴史一般を論じることは空しい。出来事から出発し、出来事をめぐって哲学することをわたしは夢見ている。そんなことがはたして可能か、どこまで可能かは分からないが、本書はその方向に向けたまことにささやかな一歩である。

直接の戦争体験をもたないわたしのような者が、戦争やホロコーストを論じることにある種の違和感をもつ人もいるかもしれない。しかし、本文中でも論じたように、もともと〈記憶〉や〈証言〉の本質には、〈死者に代わって〉ないし〈不在の他者に代わって〉という構造が属している。戦争やホロコーストの記憶と証言が最も鋭く問われるのは、まさに直接体験をもたない者に対してであり、未来の世代にいかにしてそれを伝えていくかという問題としてなのだ。直接体験者が少なくなればなるほど、この問題の本質はいっそう困難な形でむしろ露わになるだろう。

本書の内容の多くは、初出論文発表前に研究会で発表された。政治哲学研究会、歴史と理論研究会、マルチカルチュラリズム研究会、前述のスリジー・ラ・サル国際コロック、東京大学教養学部の同僚たちとの研究会などで、忌憚のない批判、有益な指摘の数々を寄せてくれた友人、同僚諸氏にはこの場を借りて感謝したい。初出時にお世話になった岩波書店編集部の小島潔さん、小口未散さん、『現代思想』編集部の池上善彦さん、内藤裕治さん(現『批評空間』)たちがくださった適切な批評からも、大いに啓発されている。あらためて御礼申し上げたい。

本書の企画から出版まで、すべてを献身的にお世話してくださったのは、岩波書店編集部の中川和夫さんである。この過程で中川さんは、わたしのわがままな提案をいつも寛容に聞いてくださったばかりか、多くの貴重な助言によってわたしの不手際を救ってくださった。もう一〇年も前、名古屋ではじめてお会いしたあの日のことを想い出しつつ、フランス語風に「無限に」(infiniment)感謝を捧げたい。

一九九五年八月

高橋哲哉

初出一覧

第一章　記憶されえぬもの　語りえぬもの――アーレントから『ショアー』へ（原題・記憶されえぬもの語りえぬもの――歴史と物語をめぐって）　『テクストと解釈』講座現代思想　第九巻、岩波書店、一九九四年

［補論］アーレントは《忘却の穴》を記憶したか（原題・アーレントは《忘却の穴》を記憶したか――岩崎稔氏に応える）　『現代思想』一九九四年一〇月号、青土社

第二章　《闇の奥》の記憶――アーレントと「人種」の幻影　『思想』一九九五年八月号、岩波書店

第三章　精神の傷は癒えない（原題・精神の傷は癒えない――死（者）の記憶と《赦し》の論理）　『現代思想』一九九五年七月号、青土社

第四章　満身創痍の証人――〈彼女たち〉からレヴィナスへ（原題・満身創痍の《証人》――〈彼女たち〉からレヴィナスへ）　『現代思想』一九九五年一月号、青土社

第五章　《運命》のトポロジー――〈世界史の哲学〉とその陥穽　『現代思想』一九九三年一月号、五月号、青土社

岩波人文書セレクションに寄せて

およそ二〇年近く前、私は本書の冒頭に、ハンナ・アーレントの『全体主義の起原』から次の言葉を引いた。「恐ろしいことを考えつづけることが必要なのだ」。そして、本書の第一章を、こう書き始めた。「一つの世紀が終わる。「考えつづける」べき「恐ろしいこと」にはまったくこと欠かなかったこの世紀の歴史は、いまいたるところに回帰の予兆を秘めながら、われわれを記憶の試練にかけるかのようだ」。

二〇世紀に起きた「恐ろしいこと」のなかから、私は戦争、とくに「ショアー」(ホロコースト)と「従軍慰安婦」における「記憶の試練」に注目した。ハンナ・アーレントやエマニュエル・レヴィナスの思考、クロード・ランズマンの映画『ショアー』等の作品を手がかりに、それらの問題にアプローチすること——それが本書の課題であった。

二〇世紀の出来事が課してくる「記憶の試練」は、まだまだ終わっていない。「ショアー」も「慰安婦」問題も、今なお現在の問題であり、関連するあらゆる諸問題と複雑に絡まり合いながら、その倫理的・政治的・歴史的意味が問われつづけている。これらの問題を特権化することもできない。まだまだ多くの諸問題が手つかずのままであり、記憶の要請があるにもかかわらず、同時にその抹消の企てに晒されているからである。

先日、ハンセン病問題を考える会に参加した。そこで初めて私は、元ハンセン病患者の方にお会いした。

一七歳で発症し、遠く離れた療養所に入所。実態は、一度入ったら二度と出ることができない強制隔離であった。以来六一年間、療養所内で生きてきた。特効薬の開発で病が完治しても、差別を恐れてほとんどの元患者が療養所内で生涯を閉じる——それを見てきた、と言う。患者の遺体を患者仲間が火葬に付すことを強制されていた話は、絶滅収容所のユダヤ人特務班を連想せずに聞くことができなかった。

日本のハンセン病患者強制隔離政策は、一九〇七年の法律「癩予防ニ関スル件」に始まる。患者が市中に存在するのは文明国として「国辱」だという理由であった。一九三一年、満州事変の年に「癩予防法」が成立、総力戦に向けて強力壮健な民族を造るという「優生学的」目的があった。家庭や地域から一人残らず患者を狩り出して、療養所に隔離する「無癩県運動」が全国で展開される。強制断種・強制堕胎によって、子孫も含め患者を絶滅させる「絶対隔離政策」へとつながっていく。草津の栗生楽泉園には特別病室と称して重監房が造られ、全国から「反抗的」とされる患者が送りこまれて、事実上虐殺された。「日本のアウシュヴィッツ」と呼んでも、決して過言ではないだろう。

こうした「民族浄化」政策は、驚くべきことに、敗戦によって終わることはなかった。一九五三年、新「らい予防法」が成立し、強制隔離は継続される。強制堕胎も含め、一九九六年に廃止されるまでつづいた。私がお会いした元患者の方は、療養所への入所の際、名前を変えられ、元の自分は社会的に死者となったと語る。九歳で隔離された患者が入所に際して署名させられた、死後解剖の同意書も見せてくださった。仮に治癒したとしても療養所から出されることはなく、死ぬまで隔離され、死んだ後も解剖で遺体を収奪される。物理的にも人格的にも社会から抹殺し、子孫まで含めて根絶されるのである。では、この日本版「絶滅作戦」の記憶は、今日、どうなっているのか。

二〇〇一年五月、ハンセン病国家賠償訴訟判決で熊本地裁は、国の強制隔離政策を断罪した。国側は控訴を断念し、反省の意を示すかと思われたが、その後は国の「まきかえし」が顕著になる。たとえば国立ハンセン病資料館の歴史展示は、熊本地裁判決の精神をむしろ否定して、強制隔離政策という国家の暴力を一貫して「隠蔽」し、国の責任について沈黙している(藤野豊『ハンセン病　反省なき国家』かもがわ出版、二〇〇八年)。まさに「忘却の政治」が、「起こったことを起こらなかったことに」しようとしているのだ。

「恐ろしいこと」は、世紀が変わっても出来することをやめない。数々の戦争、虐殺、歴史の暴力があった。だから、「記憶の試練」も終わることはない。

二〇一一年三月一一日、大震災に引き続いて起こった福島原発事故は、新たな核の大惨事となった。この事故の核心にも、「証言の不可能性」があるのではないか。また、事故の真相をめぐって、発生当初から、責任を回避しようとする「忘却の政治」が幅を利かせているのではないか。福島の「記憶」は現在、どのような倫理的・政治的・歴史的意味を担っているのか、また将来、担うことになるのか。

原著の「あとがき」に書いたことを繰り返しておこう。

「出来事の衝撃にさらされることなしに、歴史一般を論じることは空しい。出来事から出発し、出来事をめぐって哲学することをわたしは夢見ている」。

この姿勢を取り続ける限り、本書は私の出発点である。新版が新たな読者に迎えられることを期待している。

二〇一二年初秋

高橋哲哉

■岩波オンデマンドブックス■

記憶のエチカ――戦争・哲学・アウシュヴィッツ

1995年 8月29日　第1刷発行
2005年 12月15日　第11刷発行
2012年 10月23日　人文書セレクション版第1刷発行
2017年 6月13日　オンデマンド版発行

著　者　高橋哲哉《たかはしてつや》

発行者　岡本　厚

発行所　株式会社　岩波書店
〒101-8002　東京都千代田区一ツ橋2-5-5
電話案内　03-5210-4000
http://www.iwanami.co.jp/

印刷／製本・法令印刷

ISBN 978-4-00-730622-8　　Printed in Japan